Základy Čínskej Kuchyne
Krok za Krokom

Lucia Nováková

obsah

Chrumkavé hovädzie mäso s kari omáčkou 9
Dusené hovädzie kari 10
Restované hovädzie kari 12
hovädzie mäso s cesnakom 13
hovädzie mäso so zázvorom 14
Červené varené hovädzie mäso so zázvorom 15
Teľacie mäso so zelenými fazuľkami 16
horúce hovädzie mäso 18
horúce kúsky mäsa 20
Teľacie mäso s Mangetoutom 21
Marinované dusené teľacie mäso 23
Vyprážané hovädzie mäso a huby 24
Marinované dusené hovädzie mäso 25
Hovädzí guláš s hubami 26
Restované hovädzie mäso s rezancami 28
Hovädzie mäso s ryžovými rezancami 29
Teľacie mäso s cibuľou 31
hovädzie mäso a hrášok 32
Chrumkavé hovädzie mäso s restovanou cibuľkou 33
Hovädzie mäso so sušenou pomarančovou kôrou 34
Teľacie mäso s ustricovou omáčkou 35
hovädzie mäso s korením 36
Paprikový steak 37
Teľacie mäso s paprikou 39
Dusené kúsky mäsa so zelenou paprikou 41
Hovädzie mäso s čínskymi uhorkami 42
Steak so zemiakmi 43
Červené varené hovädzie mäso 44
slané hovädzie mäso 45
Strúhané hovädzie mäso 46
Rodinné strúhané hovädzie mäso 47
Okorenené mleté hovädzie mäso 49

Marinované teľacie mäso so špenátom 50
Black Bean Beef s pažítkou 52
Restované hovädzie mäso s pažítkou 54
Hovädzie mäso a pažítka s rybou omáčkou 55
dusené hovädzie mäso 56
Dusené hovädzie 57
Dusená hovädzia hruď 58
Smažte mäso 60
steakové pásiky 62
Dusené hovädzie mäso so sladkými zemiakmi 63
Hovädzia sviečková 64
mäsový toast 66
Strúhané hovädzie mäso s tofu a čili 67
hovädzie mäso s paradajkami 68
Červené varené hovädzie mäso s repou 69
Teľacie mäso so zeleninou 70
Dusené mäso 72
Plnený filet 73
teľacie knedle 75
Chrumkavé mäsové guľky 77
Mleté mäso s kešu orieškami 79
Teľacie mäso v červenej omáčke 80
Teľacie guličky s lepkavou ryžou 81
Mäsové guľky so sladkokyslou omáčkou 82
dusený mäsový puding 84
dusené mleté mäso 86
Restované mleté mäso s ustricovou omáčkou 87
mäsové rolky 88
Hovädzie a špenátové guľky 89
Restované hovädzie mäso s tofu 90
Jahňacie so špargľou 91
Grilovaná jahňacina 92
Jahňacie mäso so zelenými fazuľkami 93
dusené jahňacie 93
Jahňacie s brokolicou 94
Jahňacie s vodnými gaštanmi 95

jahňacina s kapustou 98
Lamb Chow Mein... 99
Jahňacie karí.. 100
voňavé jahňacie 101
Grilované jahňacie kocky 101
Jahňacie s Mangetoutom 102
Marinované jahňacie mäso.. 103
Jahňacie s hubami 104
Jahňacie s ustricovou omáčkou... 105
Červené varené jahňacie mäso.. 106
jahňacina s pažítkou 107
jemné jahňacie steaky 108
Jahňací guláš... 109
Dusené jahňacie mäso 111
Pikantné dusené bravčové mäso 112
parené bravčové buchty.. 113
bravčové mäso s kapustou 115
Bravčové s kapustou a paradajkami..................................... 117
Marinované bravčové s kapustou 118
Bravčové mäso so zelerom.. 120
Bravčové mäso s gaštanmi a šampiňónmi 121
Bravčová kotleta Suey.. 121
Bravčové Chow Mein... 124
Pečené bravčové Chow Mein.. 125
bravčové mäso s chutney 126
bravčové mäso s uhorkou 128
Chrumkavé bravčové zväzky... 129
rolky z bravčových vajec.. 130
Bravčové a krevetové vaječné rolky...................................... 131
Dusené bravčové mäso s vajcom 132
horiace prasa 132
vyprážaný bravčový rezeň... 134
Bravčové mäso s piatimi koreninami 134
Voňavé dusené bravčové mäso 135
Bravčové mäso s mletým cesnakom 136
Vyprážané bravčové so zázvorom... 137

Bravčové mäso so zelenými fazuľkami *138*
Bravčové mäso so šunkou a tofu *139*
Vyprážané bravčové špízy *141*
Dusené bravčové koleno v červenej omáčke *142*
marinované bravčové mäso *144*
Marinované bravčové kotlety *145*
Bravčové s hubami *146*
dusená sekaná *147*
Bravčové mäso varené na červeno s hubami *148*
Palacinka s bravčovými rezancami *149*
Bravčové mäso a krevety s rezancami *150*
Bravčové mäso s ustricovou omáčkou *151*
prasa s arašidmi *152*
Bravčové mäso s paprikou *154*
Pikantné bravčové mäso s kyslou uhorkou *155*
Bravčové mäso so slivkovou omáčkou *156*
Bravčové s krevetami *157*
červené varené bravčové mäso *158*
Bravčové mäso v červenej omáčke *159*
Bravčové mäso s ryžovými rezancami *161*
bohaté bravčové gule *163*
pečené bravčové kotlety *164*
korenené bravčové mäso *165*
Klzké bravčové plátky *167*
Bravčové mäso so špenátom a mrkvou *168*
dusené bravčové mäso *169*
pražené bravčové mäso *170*
Bravčové mäso so sladkými zemiakmi *171*
sladkokyslé bravčové mäso *172*
slané prasa *174*
bravčové mäso s tofu *175*
vyprážané bravčové mäso *176*
dvakrát varené bravčové mäso *177*
Bravčové mäso so zeleninou *178*
Bravčové mäso s orechmi *180*
bravčové wontony *181*

Bravčové s vodnými gaštanmi *182*
Bravčové mäso a krevety wontons *183*
Mleté mäsové guľky v pare *184*
Baby rebierka s omáčkou z čiernej fazule *186*
Grilované rebrá *188*
Pečené javorové rebrá *188*
vyprážané bravčové rebrá *189*
Rebrá s pórom *190*
Rebierka s hubami *192*
Rebrá s pomarančom *193*
Ananásové rebrá *195*
Chrumkavé krevetové rebrá *197*
Rebierka s ryžovým vínom *198*
Rebrá so sezamovými semienkami *199*
Sladké a jemné rebierka *201*
Dusené rebrá *203*
Rebierka s paradajkami *204*
Grilované bravčové mäso *206*
Studené bravčové s horčicou *207*
čínske pečené bravčové mäso *208*
bravčové mäso so špenátom *209*
vyprážané bravčové guľky *210*
Bravčové a krevetové vaječné rolky *211*
Mleté bravčové mäso v pare *213*
Vyprážané bravčové s krabím mäsom *214*

Chrumkavé hovädzie mäso s kari omáčkou

pre 4 osoby

1 rozšľahané vajce
15 ml / 1 polievková lyžica kukuričnej múky (kukuričný škrob)
5 ml / 1 ČL sódy bikarbóny (jedlej sódy)
15 ml / 1 polievková lyžica ryžového vína alebo suchého sherry
15 ml / 1 polievková lyžica sójovej omáčky
8 oz / 225 g chudého hovädzieho mäsa, nakrájané na plátky
90 ml / 6 polievkových lyžíc oleja
100 g / 4 oz kari pasty

Zmiešajte vajíčko, kukuričný škrob, sódu bikarbónu, víno alebo sherry a sójovú omáčku. Pridajte hovädzie mäso a 15 ml / 1 polievková lyžica oleja. Zvyšný olej rozohrejeme a zmes mäsa a vajec opekáme 2 minúty. Vyberte mäso a vypustite olej. Pridajte kari pastu do panvice a priveďte do varu, potom vráťte mäso do panvice, dobre premiešajte a podávajte.

Dusené hovädzie kari

pre 4 osoby

45 ml / 3 polievkové lyžice arašidového oleja (arašidy)
5 ml / 1 čajová lyžička soli
1 pretlačený strúčik cesnaku
1 libra / 450 g hovädzieho filé, nakrájaného na kocky
4 jarné cibuľky (plátky cibule).
1 plátok koreňa zázvoru, nasekaný
30 ml / 2 polievkové lyžice kari
15 ml / 1 polievková lyžica ryžového vína alebo suchého sherry
15 ml / 1 polievková lyžica cukru
400 ml / 14 fl oz / 1 œ šálky hovädzieho vývaru
15 ml / 1 polievková lyžica kukuričnej múky (kukuričný škrob)
45 ml / 3 polievkové lyžice vody

Zahrejte olej a opečte soľ a cesnak do jemne zlatista. Pridajte filé a pridajte olej, potom pridajte cibuľku a zázvor a opekajte, kým nie je mäso zo všetkých strán zlatohnedé. Pridajte kari a smažte 1 minútu. Pridajte víno alebo sherry a cukor, potom pridajte vývar, priveďte do varu, prikryte a duste asi 35 minút, kým mäso nezmäkne. Kukuričnú krupicu a vodu zmiešame na pastu, pridáme omáčku a za stáleho miešania dusíme, kým omáčka nezhustne.

Restované hovädzie kari

pre 4 osoby

225 g / 8 oz chudé hovädzie mäso
30 ml / 2 polievkové lyžice arašidového oleja
1 veľká cibuľa, nakrájaná na plátky
30 ml / 2 polievkové lyžice kari
1 plátok koreňa zázvoru, nasekaný
15 ml / 1 polievková lyžica ryžového vína alebo suchého sherry
120 ml / 4 fl oz / ¬Ω šálka hovädzieho vývaru
5 ml / 1 čajová lyžička cukru
15 ml / 1 polievková lyžica kukuričnej múky (kukuričný škrob)
45 ml / 3 polievkové lyžice vody

Mäso nakrájame na tenké plátky proti srsti. Zahrejte olej a opečte cibuľu, kým nebude priehľadná. Pridajte kari a zázvor a smažte niekoľko sekúnd. Pridajte mäso a duste, kým nezhnedne. Pridajte víno alebo sherry a vývar, priveďte do varu, prikryte a duste asi 5 minút, kým sa mäso neuvarí. Zmiešajte cukor

kukuričnú múčku a vodu, vmiešame do panvice a dusíme za stáleho miešania, kým omáčka nezhustne.

hovädzie mäso s cesnakom

pre 4 osoby

12 oz / 350 g chudého hovädzieho mäsa, nakrájané na plátky
4 strúčiky cesnaku, nakrájané na plátky
1 červená paprika, nakrájaná na plátky
45 ml / 3 lyžice sójovej omáčky
45 ml / 3 polievkové lyžice arašidového oleja (arašidy)
5 ml / 1 lyžička kukuričnej múčky (kukuričný škrob)
15 ml / 1 polievková lyžica vody

Mäso zmiešame s cesnakom, čili a 30 ml / 2 polievkovými lyžicami sójovej omáčky a za občasného miešania necháme 30 minút postáť. Rozohrejte olej a mäsovú zmes opečte niekoľko minút, kým nebude takmer uvarená. Zmiešajte zvyšné ingrediencie, kým nezískate pastu, pridajte na panvicu a pokračujte v restovaní, kým sa mäso neuvarí.

hovädzie mäso so zázvorom

pre 4 osoby

15 ml / 1 polievková lyžica arašidového oleja
450 g / 1 lb chudé hovädzie mäso, nakrájané na plátky
1 cibuľa, nakrájaná na tenké plátky
2 prelisované strúčiky cesnaku
2 kusy skryštalizovaného zázvoru, nakrájané na tenké plátky
15 ml / 1 polievková lyžica sójovej omáčky
150 ml / ¬° pt / štedrá ¬Ω šálka vody
2 stonky zeleru, šikmo nakrájané
5 ml / 1 čajová lyžička soli

Rozpálime olej a opečieme mäso, cibuľu a cesnak do jemne zlatista. Pridáme zázvor, sójovú omáčku a vodu, privedieme do varu, prikryjeme a dusíme 25 minút. Pridajte zeler, prikryte a duste ďalších 5 minút. Pred podávaním posypte soľou.

Červené varené hovädzie mäso so zázvorom

pre 4 osoby

450 g / 1 libra chudého hovädzieho mäsa
2 plátky koreňa zázvoru, nasekané
4 nasekané jarné cibuľky (cibuľka).
120 ml / 4 fl oz / ¬Ω šálka sójovej omáčky
60 ml / 4 lyžice ryžového vína alebo suchého sherry
400 ml / 14 fl oz / 1¬œ šálky vody
15 ml / 1 polievková lyžica hnedého cukru

Všetky ingrediencie dajte na ťažkú panvicu, priveďte do varu, prikryte a varte na miernom ohni za občasného otáčania asi 1 hodinu, kým mäso nezmäkne.

Teľacie mäso so zelenými fazuľkami

pre 4 osoby

225 g / 8 oz steak z panenky, nakrájaný na tenké plátky
30 ml / 2 polievkové lyžice kukuričnej múky (kukuričný škrob)
15 ml / 1 polievková lyžica ryžového vína alebo suchého sherry
15 ml / 1 polievková lyžica sójovej omáčky
30 ml / 2 polievkové lyžice arašidového oleja
2,5 ml / ¬Ω lyžičky soli
2 prelisované strúčiky cesnaku
225 g / 8 oz zelenej fazuľky
225 g / 8 oz bambusové výhonky, nakrájané na plátky
50 g / 2 oz šampiňóny, nakrájané na plátky
50 g / 2 oz vodné gaštany, nakrájané na plátky
150 ml / ¬° pt / štedrá ¬Ω šálka kuracieho vývaru

Vložte steak do misy. Zmiešajte 15 ml / 1 polievkovú lyžicu kukuričnej múčky, vína alebo sherry a sójovej omáčky, zmiešajte s mäsom a nechajte 30 minút marinovať. Zohrejte olej so soľou a cesnakom a opečte, kým cesnak nie je jemne zlatistý. Pridajte mäso a marinádu a smažte 4 minúty. Pridajte fazuľu a smažte 2 minúty. Pridajte ostatné ingrediencie, priveďte do varu a varte 4 minúty. Zmiešajte zvyšnú kukuričnú múčku s a trochu vody a vmiešame do omáčky. Varte na miernom ohni, miešajte, kým sa omáčka nezriedi a nezhustne.

horúce hovädzie mäso

pre 4 osoby

450 g / 1 libra chudého hovädzieho mäsa
6 jarnej cibuľky (plátky cibule).
4 plátky koreňa zázvoru
15 ml / 1 polievková lyžica ryžového vína alebo suchého sherry
15 ml / 1 polievková lyžica sójovej omáčky
4 sušené červené chilli papričky, nasekané
10 zrniek korenia
1 klinček badiánu
300 ml / ¬Ω pt / 1¬° šálky vody
2,5 ml / ¬Ω lyžička chilli oleja

Mäso vložíme do misy s 2 jarnými cibuľkami, 1 plátkom zázvoru a polovicou vína a necháme 30 minút marinovať. Veľký hrniec s vodou priveďte do varu, pridajte mäso a varte, kým sa neopraží

všade potom odstráňte a sceďte. Zvyšnú jarnú cibuľku, zázvor a víno alebo sherry vložte na panvicu s čili, korením a badiánom a pridajte vodu. Privedieme do varu, pridáme mäso, prikryjeme a dusíme asi 40 minút, kým mäso nezmäkne. Mäso vyberte z tekutiny a dobre sceďte. Nakrájajte na tenké plátky a položte na horúci servírovací tanier. Podávame pokvapkané čili olejom.

horúce kúsky mäsa

pre 4 osoby

150 ml / ¬° pt / štedrá ¬Ω šálka arašidového oleja
1 lb / 450 g chudého hovädzieho mäsa, nakrájaného na plátky
45 ml / 3 lyžice sójovej omáčky
15 ml / 1 polievková lyžica ryžového vína alebo suchého sherry
1 plátok koreňa zázvoru, nasekaný
1 sušené červené čili, nakrájané
2 mrkvy, strúhané
2 stonky zeleru, šikmo nakrájané
10 ml / 2 čajové lyžičky soli

225 g / 8 uncí / 1 šálka dlhozrnnej ryže

Dve tretiny oleja rozohrejeme a mäso, sójovú omáčku a víno alebo sherry opekáme 10 minút. Vyberte mäso a rezervujte si omáčku. Zohrejte zvyšný olej a 1 minútu opečte zázvor, korenie a mrkvu. Pridajte zeler a smažte 1 minútu. Pridáme mäso a soľ a opekáme 1 minútu.

Ryžu medzitým uvaríme vo vriacej vode asi 20 minút, kým nezmäkne. Dobre sceďte a položte na servírovací tanier. Prelejeme mäsovou zmesou a horúcou omáčkou.

Teľacie mäso s Mangetoutom

pre 4 osoby

225 g / 8 oz chudé hovädzie mäso

30 ml / 2 polievkové lyžice kukuričnej múky (kukuričný škrob)

5 ml / 1 čajová lyžička cukru

5 ml / 1 lyžička sójovej omáčky

10 ml / 2 čajové lyžičky ryžového vína alebo suchého sherry

30 ml / 2 polievkové lyžice arašidového oleja

2,5 ml / ¬Ω lyžičky soli

2 plátky koreňa zázvoru, nasekané

8 oz / 225 g snehového hrášku

60 ml / 4 polievkové lyžice hovädzieho vývaru

10 ml / 2 čajové lyžičky vody

čerstvo mleté korenie

Mäso nakrájame na tenké plátky proti srsti. Zmiešajte polovicu kukuričnej múčky, cukor, sójovú omáčku a víno alebo sherry, pridajte k mäsu a dobre premiešajte, aby sa obalilo. Polovicu oleja zohrejte a pár sekúnd na ňom opečte soľ a zázvor. Pridáme snehový hrášok a premiešame, aby sa obalil olejom. Pridajte vývar, priveďte do varu a dobre premiešajte, potom z panvice vyberte snehový hrášok a tekutinu. Zohrejte zvyšný olej a mäso opečte, kým jemne nezhnedne. Mangetout vráťte na panvicu. Zmiešajte

zvyšnú kukuričnú múčku s vodou, premiešajte na panvici a dochuťte korením. Varte na miernom ohni, miešajte, kým omáčka nezhustne.

Marinované dusené teľacie mäso

pre 4 osoby

450 g / 1 lb filetový steak
75 ml / 5 lyžíc sójovej omáčky
60 ml / 4 lyžice ryžového vína alebo suchého sherry
5 ml / 1 čajová lyžička soli
15 ml / 1 polievková lyžica kukuričnej múky (kukuričný škrob)
45 ml / 3 polievkové lyžice arašidového oleja (arašidy)
15 ml / 1 polievková lyžica hnedého cukru
15 ml / 1 polievková lyžica vínneho octu

Steak prepichnite na niekoľkých miestach a vložte do misy. Zmiešajte sójovú omáčku, víno alebo sherry a soľ, nalejte na mäso a za občasného otáčania nechajte 3 hodiny odpočívať. Mäso scedíme a marinádu zlikvidujeme. Mäso osušíme a posypeme kukuričnou múkou. Rozpálime olej a mäso opečieme zo všetkých strán dohneda. Pridajte cukor a vínny ocot a toľko vody, aby bolo mäso zakryté. Priveďte do varu, prikryte a varte asi 1 hodinu, kým mäso nezmäkne.

Vyprážané hovädzie mäso a huby

pre 4 osoby

225 g / 8 oz chudé hovädzie mäso
15 ml / 1 polievková lyžica kukuričnej múky (kukuričný škrob)
15 ml / 1 polievková lyžica ryžového vína alebo suchého sherry
15 ml / 1 polievková lyžica sójovej omáčky
2,5 ml / ¬Ω lyžičky cukru
45 ml / 3 polievkové lyžice arašidového oleja (arašidy)
1 plátok koreňa zázvoru, nasekaný
2,5 ml / ¬Ω lyžičky soli
225 g / 8 uncí šampiňónov, nakrájaných na plátky
120 ml / 4 fl oz / ¬Ω šálka hovädzieho vývaru

Mäso nakrájame na tenké plátky proti srsti. Zmiešajte kukuričnú múku, víno alebo sherry, sójovú omáčku a cukor, pridajte mäso a dobre premiešajte, aby sa obalilo. Zahrejte olej a opečte zázvor 1 minútu. Pridajte mäso a duste, kým nezhnedne. Pridajte soľ a huby a dobre premiešajte. Pridajte vývar, priveďte do varu a za stáleho miešania varte, kým omáčka nezhustne.

Marinované dusené hovädzie mäso

pre 4 osoby

450 g / 1 lb chudé hovädzie mäso, nakrájané na plátky
2 prelisované strúčiky cesnaku
60 ml / 4 polievkové lyžice sójovej omáčky
15 ml / 1 polievková lyžica hnedého cukru
5 ml / 1 čajová lyžička soli
30 ml / 2 polievkové lyžice arašidového oleja

Vložte mäso do misy a pridajte cesnak, sójovú omáčku, cukor a soľ. Dobre premiešame, prikryjeme a necháme marinovať asi 2 hodiny, pričom z času na čas otočíme. Scedíme, marinádu zlikvidujeme. Rozpálime olej a mäso opečieme zo všetkých strán dohneda a podávame naraz.

Hovädzí guláš s hubami

pre 4 osoby

1 kg / 2 libry hovädzieho mäsa
soľ a čerstvo mleté korenie
60 ml / 4 polievkové lyžice sójovej omáčky
30 ml / 2 polievkové lyžice hoisin omáčky
30 ml / 2 polievkové lyžice medu
30 ml / 2 polievkové lyžice vínneho octu
5 ml / 1 lyžička čerstvo mletého korenia
5 ml / 1 ČL anízu, mletého
5 ml / 1 čajová lyžička mletého koriandra
6 sušených čínskych húb
60 ml / 4 polievkové lyžice arašidového oleja
5 ml / 2 čajové lyžičky kukuričnej múky (kukuričný škrob)
15 ml / 1 polievková lyžica vody
400 g / 14 oz konzervované paradajky
6 jarných cibuliek (pokrájaných na prúžky).
2 strúhané mrkvy
30 ml / 2 polievkové lyžice slivkovej omáčky
60 ml / 4 lyžice nasekanej pažítky

Mäso niekoľkokrát prepichnite vidličkou. Dochuťte soľou a korením a vložte do misy. Omáčky, med, vínny ocot, korenie a koreniny zmiešame, nalejeme na mäso, prikryjeme a necháme cez noc marinovať v chladničke.

Huby namočíme na 30 minút do vlažnej vody, potom scedíme. Vyhoďte stonky a odrežte vrcholy. Rozpálime olej a mäso za častého otáčania opečieme dohneda. Zmiešajte kukuričnú múku a vodu a pridajte ju na panvicu s paradajkami. Priveďte do varu, prikryte a varte asi 1 Ω hodiny, kým nezmäkne. Pridajte cibuľku a mrkvu a ďalej dusíme 10 minút, kým mrkva nezmäkne. Pridáme slivkovú omáčku a dusíme 2 minúty. Mäso vyberieme z omáčky a nakrájame na hrubé plátky. Vráťte do omáčky zahriať a potom podávajte posypané pažítkou.

Restované hovädzie mäso s rezancami

pre 4 osoby

100 g / 4 oz tenké vaječné rezance
30 ml / 2 polievkové lyžice arašidového oleja
8 oz / 225 g chudého hovädzieho mäsa, strúhaného
30 ml / 2 polievkové lyžice sójovej omáčky
15 ml / 1 polievková lyžica ryžového vína alebo suchého sherry
2,5 ml / ¬Ω lyžičky soli
2,5 ml / ¬Ω lyžičky cukru
120 ml / 4 fl oz / ¬Ω šálka vody

Rezance namočíme do mierneho zmäknutia, scedíme a nakrájame na 7,5 cm / 3 dlhé kúsky. Polovicu oleja rozohrejeme a mäso opečieme dozlatista. Pridajte sójovú omáčku, víno alebo sherry, soľ a cukor a smažte 2 minúty, potom vyberte z panvice. Zohrejte zvyšný olej a rezance opekajte, kým nie sú pokryté olejom. Mäsovú zmes vráťte do panvice, pridajte vodu a priveďte do varu. Varíme a dusíme asi 5 minút, kým sa tekutina nevsiakne.

Hovädzie mäso s ryžovými rezancami

pre 4 osoby

4 sušené čínske huby

30 ml / 2 polievkové lyžice arašidového oleja

2,5 ml / ¬Ω lyžičky soli

8 oz / 225 g chudého hovädzieho mäsa, nakrájané na plátky

100 g / 4 oz bambusové výhonky, nakrájané na plátky

100 g / 4 oz zeler, nakrájaný na plátky

1 nakrájanú cibuľu

120 ml / 4 fl oz / ¬Ω šálka hovädzieho vývaru

2,5 ml / ¬Ω lyžičky cukru

10 ml / 2 čajové lyžičky kukuričnej múky (kukuričný škrob)

5 ml / 1 lyžička sójovej omáčky

15 ml / 1 polievková lyžica vody

100 g / 4 oz ryžové rezance

olej na vyprážanie

Huby namočíme na 30 minút do vlažnej vody, potom scedíme. Vyhoďte stonky a odrežte vrcholy. Polovicu oleja zohrejte a opečte soľ a mäso, kým jemne nezhnedne, potom vyberte z panvice. Zvyšný olej rozohrejeme a zeleninu opečieme do mäkka. Pridajte vývar a cukor a priveďte do varu. Vráťte mäso na panvicu, prikryte a duste 3 minúty. Zmiešajte maizenu, sójovú omáčku a vodu, vmiešajte do panvice a varte na miernom ohni za stáleho miešania, kým zmes nezhustne. Medzitým na rozpálenom oleji pár sekúnd opražte ryžové rezance, kým sa nenafúknu a nie sú chrumkavé a podávajte na vrch mäsa.

Teľacie mäso s cibuľou

pre 4 osoby

60 ml / 4 polievkové lyžice arašidového oleja
300 g / 11 oz chudé hovädzie mäso, nakrájané na prúžky
100 g / 4 oz cibule, nakrájané na prúžky
15 ml / 1 polievková lyžica kuracieho vývaru
5 ml / 1 ČL ryžového vína alebo suchého sherry
5 ml / 1 čajová lyžička cukru
5 ml / 1 lyžička sójovej omáčky
soľ
sezamový olej

Rozpálime olej a na prudkom ohni opečieme mäso a cibuľu do zlatista. Pridajte vývar, víno alebo sherry, cukor a sójovú omáčku a za stáleho miešania smažte, kým sa dobre nezmieša. Pred podávaním dochutíme soľou a sezamovým olejom.

hovädzie mäso a hrášok

pre 4 osoby

30 ml / 2 polievkové lyžice arašidového oleja
450 g / 1 lb chudé hovädzie mäso, nakrájané na kocky
2 nakrájané cibule
2 stonky zeleru, nakrájané na plátky
100 g / 4 oz mrazený alebo čerstvý hrášok, rozmrazený
250 ml / 8 fl oz / 1 šálka kuracieho vývaru
15 ml / 1 polievková lyžica sójovej omáčky
15 ml / 1 polievková lyžica kukuričnej múky (kukuričný škrob)

Rozpálime olej a mäso opečieme, kým jemne nezhnedne. Pridajte cibuľu, zeler a hrášok a smažte 2 minúty. Pridajte vývar a sójovú omáčku, priveďte do varu, prikryte a duste 10 minút. Kukuričný škrob zmiešame s trochou vody a zmiešame s omáčkou. Varte na miernom ohni, miešajte, kým sa omáčka nezriedi a nezhustne.

Chrumkavé hovädzie mäso s restovanou cibuľkou

pre 4 osoby

225 g / 8 oz chudé hovädzie mäso
2 cibuľky (scallions), nasekané
30 ml / 2 polievkové lyžice sójovej omáčky
30 ml / 2 polievkové lyžice ryžového vína alebo suchého sherry
30 ml / 2 polievkové lyžice arašidového oleja
1 pretlačený strúčik cesnaku
5 ml / 1 lyžička vínneho octu
pár kvapiek sezamového oleja

Mäso nakrájame na tenké plátky proti srsti. Zmiešajte jarnú cibuľku, sójovú omáčku a víno alebo sherry, pridajte mäso a nechajte 30 minút odpočívať. Scedíme, marinádu zlikvidujeme. Rozpálime olej a opražíme cesnak do jemne zlatista. Pridajte mäso a duste, kým nezhnedne. Pridajte ocot a sezamový olej, prikryte a duste 2 minúty.

Hovädzie mäso so sušenou pomarančovou kôrou

pre 4 osoby

1 libra / 450 g chudého hovädzieho mäsa, nakrájané na tenké plátky

5 ml / 1 čajová lyžička soli

olej na vyprážanie

30 ml / 2 polievkové lyžice arašidového oleja

100 g / 4 oz sušená pomarančová kôra

2 sušené chilli papričky nakrájané nadrobno

5 ml / 1 lyžička čerstvo mletého korenia

45 ml / 3 lyžice hovädzieho vývaru

2,5 ml / ¬Ω lyžičky cukru

15 ml / 1 polievková lyžica ryžového vína alebo suchého sherry

5 ml / 1 lyžička vínneho octu

2,5 ml / ¬Ω lyžičky sezamového oleja

Mäso posypte soľou a nechajte 30 minút odpočívať. Zahrejte olej a opečte mäso do polovice varenia. Vyberte a dobre sceďte. Rozohrejte olej a 1 minútu opečte pomarančovú kôru, čili a korenie. Pridáme mäso a vývar a privedieme do varu. Pridajte cukor a vínny ocot a varte, kým nezostane veľa tekutiny. Pridajte vínny ocot a sezamový olej a dobre premiešajte. Podávame na lôžku z listov šalátu.

Teľacie mäso s ustricovou omáčkou

pre 4 osoby

15 ml / 1 polievková lyžica arašidového oleja
2 prelisované strúčiky cesnaku
450 g / 1 libra steak z panenky, nakrájaný na plátky
100 g / 4 oz húb
15 ml / 1 polievková lyžica ryžového vína alebo suchého sherry
150 ml / ¬° pt / štedrá ¬Ω šálka kuracieho vývaru
30 ml / 2 polievkové lyžice ustricovej omáčky
5 ml / 1 lyžička hnedého cukru
soľ a čerstvo mleté korenie
4 jarné cibuľky (plátky cibule).
15 ml / 1 polievková lyžica kukuričnej múky (kukuričný škrob)

Rozpálime olej a opražíme cesnak do jemne zlatista. Pridajte steak a šampiňóny a duste, kým jemne nezhnednú. Pridajte víno alebo sherry a varte 2 minúty. Pridajte vývar, ustricovú omáčku a cukor a dochuťte soľou a korením. Priveďte do varu a za občasného miešania varte 4 minúty. Pridajte pažítku. Kukuričnú krupicu zmiešame s trochou vody a premiešame na panvici. Varte na miernom ohni, miešajte, kým sa omáčka nezriedi a nezhustne.

hovädzie mäso s korením

pre 4 osoby

350 g / 12 oz chudé hovädzie mäso, nakrájané na prúžky
75 ml / 5 lyžíc sójovej omáčky
75 ml / 5 lyžíc arašidového oleja (arašidy)
5 ml / 1 lyžička kukuričnej múčky (kukuričný škrob)
75 ml / 5 polievkových lyžíc vody
2 nakrájané cibule
5 ml / 1 lyžička ustricovej omáčky
čerstvo mleté korenie
košíky na rezance

Mäso marinujeme so sójovou omáčkou, 15 ml / 1 polievková lyžica oleja, kukuričným škrobom a vodou 1 hodinu. Mäso vyberieme z marinády a dobre scedíme. Zvyšný olej rozohrejeme, mäso a cibuľu opečieme do zlatista. Pridajte marinádu a ustricovú omáčku a bohato dochuťte korením. Priveďte do varu, prikryte a za občasného miešania varte na miernom ohni 5 minút. Podávame s košíkmi s rezancami.

Paprikový steak

pre 4 osoby

45 ml / 3 polievkové lyžice arašidového oleja (arašidy)
5 ml / 1 čajová lyžička soli
2 prelisované strúčiky cesnaku
1 libra / 450 g hovädzej sviečkovice, nakrájanej na tenké plátky
1 cibuľa, nakrájaná na kolieska
2 zelené papriky, nakrájané
120 ml / 4 fl oz / ¬Ω šálka hovädzieho vývaru
5 ml / 1 lyžička hnedého cukru
5 ml / 1 ČL ryžového vína alebo suchého sherry
soľ a čerstvo mleté korenie
30 ml / 2 polievkové lyžice kukuričnej múky (kukuričný škrob)
30 ml / 2 polievkové lyžice sójovej omáčky

Zohrejte olej so soľou a cesnakom, kým cesnak jemne nezhnedne, potom pridajte filé a opečte, kým nezhnedne zo všetkých strán. Pridajte cibuľu a papriku a smažte 2 minúty. Pridajte vývar, cukor, víno alebo sherry a dochuťte soľou a korením. Priveďte do varu, prikryte a na miernom ohni varte 5 minút. Kukuričnú múčku a sójovú omáčku spolu zmiešame a potom vmiešame do omáčky. Varte za stáleho miešania, kým sa omáčka nezriedi a nezhustne, ak je to potrebné, pridajte trochu vody, aby omáčka mala požadovanú konzistenciu.

Teľacie mäso s paprikou

pre 4 osoby

350 g / 12 oz chudé hovädzie mäso, nakrájané na tenké plátky
3 červené chilli papričky zbavené semienok a nasekané
3 jarné cibuľky (pokrájané na kocky).
2 prelisované strúčiky cesnaku
15 ml / 1 polievková lyžica omáčky z čiernej fazule
1 nakrájaná mrkva
3 zelené papriky, nakrájané na kocky
soľ
15 ml / 1 polievková lyžica arašidového oleja
5 ml / 1 lyžička sójovej omáčky
45 ml / 3 polievkové lyžice vody
5 ml / 1 ČL ryžového vína alebo suchého sherry
5 ml / 1 lyžička kukuričnej múčky (kukuričný škrob)

Marinujte mäso s čili, jarnou cibuľkou, cesnakom, omáčkou z čiernej fazule a mrkvou po dobu 1 hodiny. Papriky blanšírujeme vo vriacej osolenej vode 3 minúty a dobre scedíme. Rozpálime olej a mäsovú zmes opekáme 2 minúty. Pridajte papriku a smažte 3 minúty. Pridajte sójovú omáčku, vodu a víno alebo sherry. Kukuričnú krupicu zmiešame s trochou vody, premiešame na panvici a za stáleho miešania varíme na miernom ohni, kým omáčka nezhustne.

Dusené kúsky mäsa so zelenou paprikou

pre 4 osoby

8 oz / 225 g chudého hovädzieho mäsa, strúhaného
1 vaječný bielok
15 ml / 1 polievková lyžica kukuričnej múky (kukuričný škrob)
2,5 ml / ½ lyžičky soli
5 ml / 1 ČL ryžového vína alebo suchého sherry
2,5 ml / ½ lyžičky cukru
olej na vyprážanie
30 ml / 2 polievkové lyžice arašidového oleja
2 červené chilli papričky, nakrájané na kocky
2 plátky koreňa zázvoru, strúhaný
15 ml / 1 polievková lyžica sójovej omáčky
2 veľké zelené papriky, nakrájané na kocky

Vložte mäso do misky s bielkom, kukuričným škrobom, soľou, vínom alebo sherry a cukrom a nechajte 30 minút marinovať. Rozpálime olej a mäso opečieme, kým jemne nezhnedne. Vyberte z panvice a dobre sceďte. Rozohrejte olej a pár sekúnd opečte čili a zázvor. Pridáme mäso a sójovú omáčku a restujeme do mäkka. Pridajte zelenú papriku, dobre premiešajte a smažte 2 minúty. Podávajte naraz.

Hovädzie mäso s čínskymi uhorkami

pre 4 osoby

4 oz / 100 g čínskych uhoriek, strúhaných
450 g / 1 libra chudého steaku, nakrájaného na plátky
30 ml / 2 polievkové lyžice sójovej omáčky
5 ml / 1 čajová lyžička soli
2,5 ml / ¬Ω ČL čerstvo mletého korenia
60 ml / 4 polievkové lyžice arašidového oleja
15 ml / 1 polievková lyžica kukuričnej múky (kukuričný škrob)

Všetky ingrediencie dobre premiešajte a vložte do žiaruvzdornej nádoby. Misku položte na mriežku v parnom hrnci, prikryte a duste nad vriacou vodou 40 minút, kým sa mäso neuvarí.

Steak so zemiakmi

pre 4 osoby

450 g / 1 libra steaku

60 ml / 4 polievkové lyžice arašidového oleja

5 ml / 1 čajová lyžička soli

2,5 ml / ¬Ω ČL čerstvo mletého korenia

1 nakrájanú cibuľu

1 pretlačený strúčik cesnaku

225 g zemiakov nakrájaných na kocky

175 ml / 6 fl oz / ¬œ šálka hovädzieho vývaru

250 ml / 8 fl oz / 1 šálka nasekaných zelerových listov

30 ml / 2 polievkové lyžice kukuričnej múky (kukuričný škrob)

15 ml / 1 polievková lyžica sójovej omáčky

60 ml / 4 polievkové lyžice vody

Steak nakrájajte na pásiky a potom na tenké plátky proti zrnitosti. Rozpálime olej a opečieme na ňom steak, soľ, korenie, cibuľu a cesnak do jemne zlatista. Pridajte zemiaky a vývar, priveďte do varu, prikryte a duste 10 minút. Pridáme zelerové listy a dusíme asi 4 minúty, kým nezmäknú. Kukuričnú múku, sójovú omáčku a vodu zmiešame do hladka, pridáme na panvicu a za stáleho miešania dusíme, kým omáčka nezriedka a nezhustne.

Červené varené hovädzie mäso

pre 4 osoby

450 g / 1 libra chudého hovädzieho mäsa
120 ml / 4 fl oz / ¬Ω šálka sójovej omáčky
60 ml / 4 lyžice ryžového vína alebo suchého sherry
15 ml / 1 polievková lyžica hnedého cukru
375 ml / 13 fl oz / 1 Ω šálky vody

Vložte hovädzie mäso, sójovú omáčku, víno alebo sherry a cukor na panvicu s ťažkým základom a priveďte do varu. Prikryjeme a dusíme 10 minút, pričom raz alebo dvakrát otočíme. Pridajte vodu a priveďte do varu. Prikryjeme a dusíme asi 1 hodinu, kým mäso nezmäkne, a ak je mäso príliš suché, podľa potreby počas pečenia podlievame trochou vriacej vody. Podávajte teplé alebo studené.

slané hovädzie mäso

pre 4 osoby

30 ml / 2 polievkové lyžice arašidového oleja
450 g / 1 lb chudé hovädzie mäso, nakrájané na kocky
2 scallions (scallions), nakrájané na plátky
2 prelisované strúčiky cesnaku
1 plátok koreňa zázvoru, nasekaný
2 klinčeky badiánu, rozdrvené
250 ml / 8 fl oz / 1 šálka sójovej omáčky
30 ml / 2 polievkové lyžice ryžového vína alebo suchého sherry
30 ml / 2 polievkové lyžice hnedého cukru
5 ml / 1 čajová lyžička soli
600 ml / 1 bod / 2 Ω šálky vody

Rozpálime olej a mäso opečieme, kým jemne nezhnedne. Prebytočný olej scedíme a pridáme jarnú cibuľku, cesnak, zázvor a aníz a restujeme 2 minúty. Pridajte sójovú omáčku, víno alebo sherry, cukor a soľ a dobre premiešajte. Pridajte vodu, priveďte do varu, prikryte a varte 1 hodinu. Odstráňte pokrievku a dusíme, kým sa omáčka nezredukuje.

Strúhané hovädzie mäso

pre 4 osoby

750 g / 1¬Ω lb chudé hovädzie mäso, nakrájané na kocky
250 ml / 8 fl oz / 1 šálka hovädzieho vývaru
120 ml / 4 fl oz / ¬Ω šálka sójovej omáčky
60 ml / 4 lyžice ryžového vína alebo suchého sherry
45 ml / 3 polievkové lyžice arašidového oleja (arašidy)

Vložte hovädzie mäso, vývar, sójovú omáčku a víno alebo sherry na panvicu s ťažkým základom. Priveďte do varu a varte za stáleho miešania, kým sa tekutina neodparí. Nechajte vychladnúť a potom vychlaďte. Mäso nastrúhajte dvoma vidličkami. Rozohrejte olej, potom pridajte mäso a rýchlo opečte, kým nebude pokryté olejom. Pokračujte vo varení na strednom ohni, kým mäso nie je úplne suché. Necháme vychladnúť a podávame s rezancami alebo ryžou.

Rodinné strúhané hovädzie mäso

pre 4 osoby

225 g / 8 oz hovädzie mäso, strúhané
15 ml / 1 polievková lyžica sójovej omáčky
15 ml / 1 polievková lyžica ustricovej omáčky
45 ml / 3 polievkové lyžice arašidového oleja (arašidy)
1 plátok koreňa zázvoru, nasekaný
1 nakrájanú červenú papriku
4 stonky zeleru, šikmo nakrájané
15 ml / 1 polievková lyžica omáčky z fazule chutney
5 ml / 1 čajová lyžička soli
15 ml / 1 polievková lyžica ryžového vína alebo suchého sherry
5 ml / 1 lyžička sezamového oleja
5 ml / 1 lyžička vínneho octu
čerstvo mleté korenie

Mäso vložte do misky so sójovou omáčkou a ustricovou omáčkou a nechajte 30 minút marinovať. Rozohrejte olej a mäso opečte, kým jemne nezhnedne, potom ho vyberte z panvice. Pridajte zázvor a chilli a smažte niekoľko sekúnd. Pridajte zeler a smažte do polovice varenia. Pridajte mäso, fazuľové chutney, soľ a dobre premiešajte. Pridajte víno alebo sherry, sezamový olej a ocot a varte, kým mäso nie je mäkké a ingrediencie dobre premiešané. Podávame posypané korením.

Okorenené mleté hovädzie mäso

pre 4 osoby

90 ml / 6 polievkových lyžíc arašidového oleja

450 g / 1 libra chudého hovädzieho mäsa, nakrájaného na prúžky

50 g / 2 oz chilli pasta

čerstvo mleté korenie

15 ml / 1 polievková lyžica mletého koreňa zázvoru

30 ml / 2 polievkové lyžice ryžového vína alebo suchého sherry

225 g / 8 oz zeler, nakrájaný na kúsky

30 ml / 2 polievkové lyžice sójovej omáčky

5 ml / 1 čajová lyžička cukru

5 ml / 1 lyžička vínneho octu

Rozpálime olej a mäso opečieme do zlatista. Pridajte chilli pastu a korenie a smažte 3 minúty. Pridajte zázvor, víno alebo sherry a zeler a dobre premiešajte. Pridajte sójovú omáčku, cukor a ocot a smažte 2 minúty.

Marinované teľacie mäso so špenátom

pre 4 osoby

1 libra / 450 g chudého hovädzieho mäsa, nakrájané na tenké plátky

45 ml / 3 lyžice ryžového vína alebo suchého sherry

15 ml / 1 polievková lyžica sójovej omáčky

5 ml / 1 čajová lyžička cukru

2,5 ml / ¬Ω lyžičky sezamového oleja

450 g / 1 libra špenátu

45 ml / 3 polievkové lyžice arašidového oleja (arašidy)

2 plátky koreňa zázvoru, nasekané

30 ml / 2 polievkové lyžice hovädzieho vývaru

5 ml / 1 lyžička kukuričnej múčky (kukuričný škrob)

Mäso zľahka zatlačte prstami. Zmiešajte víno alebo sherry, sójovú omáčku, sherry a sezamový olej. Pridajte mäso, prikryte a za občasného miešania dajte na 2 hodiny do chladničky. Listy špenátu nakrájajte na veľké kúsky a stonky na hrubé plátky. Rozpálime 30 ml / 2 lyžice oleja a 2 minúty opekáme stonky špenátu a zázvor. Odstráňte z panvice.

Zohrejte zvyšný olej. Mäso sceďte, marinádu si odložte. Pridajte polovicu mäsa do panvice, rozložte plátky tak, aby sa neprekrývali. Varte asi 3 minúty, kým z oboch strán jemne nezhnedne. Vyberte z panvice a opečte zvyšné mäso, potom vyberte z panvice. Vývar a maizenu zmiešame s marinádou. Pridajte zmes do panvice a priveďte do varu. Pridajte špenátové listy, stonky a zázvor. Dusíme asi 3 minúty, kým špenát nezvädne, potom vmiešame mäso. Varte ešte 1 minútu a potom podávajte naraz.

Black Bean Beef s pažítkou

pre 4 osoby

8 oz / 225 g chudého hovädzieho mäsa, nakrájaného na tenké plátky

1 vajce, zľahka rozšľahané

5 ml / 1 ČL svetlej sójovej omáčky

2,5 ml / ¬Ω lyžičky ryžového vína alebo suchého sherry

2,5 ml / ¬Ω lyžičky kukuričný škrob (kukuričný škrob)

250 ml / 8 fl oz / 1 šálka arašidového oleja (arašidy)

2 prelisované strúčiky cesnaku

30 ml / 2 polievkové lyžice omáčky z čiernej fazule

15 ml / 1 polievková lyžica vody

6 cibuliek (scallions), nakrájaných diagonálne

2 plátky koreňa zázvoru, strúhaný

Mäso zmiešame s vajcom, sójovou omáčkou, vínom alebo sherry a kukuričným škrobom. Nechajte 10 minút odstáť. Zahrejte olej a mäso opečte takmer do varu. Vyberte z panvice a dobre sceďte. Nalejte všetko okrem 15 ml / 1 polievkovú lyžicu oleja, vráťte na oheň, potom opečte cesnak a omáčku z čiernej fazule 30 sekúnd. Pridajte mäso a vodu a varte asi 4 minúty, kým mäso nezmäkne.

Medzitým rozohrejeme ďalších 15 ml / 1 polievkovú lyžicu oleja a krátko orestujeme jarnú cibuľku a zázvor. Mäso poukladáme na horúci servírovací tanier, pokladieme cibuľkou a podávame.

Restované hovädzie mäso s pažítkou

pre 4 osoby

45 ml / 3 polievkové lyžice arašidového oleja (arašidy)
8 oz / 225 g chudého hovädzieho mäsa, nakrájaného na tenké plátky
8 jarnej cibuľky (plátky cibule).
75 ml / 5 lyžíc sójovej omáčky
15 ml / 1 polievková lyžica ryžového vína alebo suchého sherry
30 ml / 2 polievkové lyžice sezamového oleja

Rozpálime olej a opečieme na ňom mäso a cibuľu do zlatista. Pridajte sójovú omáčku a víno alebo sherry a smažte, kým sa mäso neuvarí podľa vašich predstáv. Pred podávaním pridajte sezamový olej.

Hovädzie mäso a pažítka s rybou omáčkou

pre 4 osoby

350 g / 12 oz chudé hovädzie mäso, nakrájané na tenké plátky
15 ml / 1 polievková lyžica kukuričnej múky (kukuričný škrob)
15 ml / 1 polievková lyžica vody
2,5 ml / ½ lyžičky ryžového vína alebo suchého sherry
štipka sódy bikarbóny (jedlá sóda)
štipka soli
45 ml / 3 polievkové lyžice arašidového oleja (arašidy)
6 cibuľky (jarnej cibuľky), nakrájanej na 2/5 cm kúsky
2 prelisované strúčiky cesnaku
2 plátky zázvoru, nasekané
5 ml / 1 ČL rybacej omáčky
2,5 ml / ½ lyžička ustricovej omáčky

Marinujte mäso s kukuričným škrobom, vodou, vínom alebo sherry, sódou bikarbónou a soľou 1 hodinu. Rozpálime 30 ml / 2 polievkové lyžice oleja a opečieme hovädzie mäso s polovicou jarnej cibuľky, polovicou cesnaku a zázvorom do zlatista. Medzitým rozohrejeme zvyšný olej a opražíme zvyšnú pažítku, cesnak a zázvor v rybacej a ustricovej omáčke do zmäknutia. Oboje zmiešame a pred podávaním zohrejeme.

dusené hovädzie mäso

pre 4 osoby

450 g / 1 lb chudé hovädzie mäso, nakrájané na plátky
5 ml / 1 lyžička kukuričnej múčky (kukuričný škrob)
2 plátky koreňa zázvoru, nasekané
15 ml / 1 polievková lyžica sójovej omáčky
15 ml / 1 polievková lyžica ryžového vína alebo suchého sherry
2,5 ml / ½ lyžičky soli
2,5 ml / ½ lyžičky cukru
15 ml / 1 polievková lyžica arašidového oleja
2 cibuľky (scallions), nasekané
15 ml / 1 polievková lyžica nasekanej plochej petržlenovej vňate

Vložte mäso do misy. Zmiešajte kukuričnú múku, zázvor, sójovú omáčku, víno alebo sherry, soľ a cukor a potom pridajte mäso. Za občasného miešania necháme 30 minút postáť. Hovädzie plátky poukladajte do plytkej žiaruvzdornej misky a posypte olejom a pažítkou. Dusíme na mriežke nad vriacou vodou asi 40 minút, kým sa mäso neuvarí. Podávame posypané petržlenovou vňaťou.

Dusené hovädzie

pre 4 osoby

15 ml / 1 polievková lyžica arašidového oleja
1 pretlačený strúčik cesnaku
1 plátok koreňa zázvoru, nasekaný
450 g / 1 libra dusený steak, nakrájaný na kocky
45 ml / 3 lyžice sójovej omáčky
30 ml / 2 polievkové lyžice ryžového vína alebo suchého sherry
15 ml / 1 polievková lyžica hnedého cukru
300 ml / ¬Ω pt / 1¬° šálky kuracieho vývaru
2 cibule, nakrájané na kolieska
2 mrkvy, nakrájané na hrubé plátky
100g / 4oz kapusta, strúhaná

Rozpálime olej s cesnakom a zázvorom a opekáme, kým cesnak nie je jemne zlatistý. Pridajte steak a smažte 5 minút do zlatista. Pridáme sójovú omáčku, víno alebo sherry a cukor, prikryjeme a dusíme 10 minút. Pridajte vývar, priveďte do varu, prikryte a duste asi 30 minút. Pridajte cibuľu, mrkvu a kapustu, prikryte a duste ďalších 15 minút.

Dusená hovädzia hruď

pre 4 osoby

450 g / 1 libra hovädzej hrude

45 ml / 3 polievkové lyžice arašidového oleja (arašidy)

3 jarné cibuľky (plátky cibule).

2 plátky koreňa zázvoru, nasekané

1 pretlačený strúčik cesnaku

120 ml / 4 fl oz / ¬Ω šálka sójovej omáčky

5 ml / 1 čajová lyžička cukru

45 ml / 3 lyžice ryžového vína alebo suchého sherry

3 badiánové klinčeky

4 na kocky nakrájané mrkvy

225 g / 8 oz bok choy

15 ml / 1 polievková lyžica kukuričnej múky (kukuričný škrob)

45 ml / 3 polievkové lyžice vody

Mäso dáme na panvicu a zalejeme vodou. Priveďte do varu, prikryte a varte asi 1 Ω hodiny, kým mäso nezmäkne. Vyberte z panvice a dobre sceďte. Nakrájajte na 2,5 cm / 1 na kocky a odložte si 250 ml / 8 fl oz / 1 šálku vývaru.

Rozpálime olej a pár sekúnd na ňom orestujeme jarnú cibuľku, zázvor a cesnak. Pridajte sójovú omáčku, cukor, víno alebo sherry a badián a dobre premiešajte. Pridajte mäso a odložený vývar. Priveďte do varu, prikryte a varte na miernom ohni 20 minút. Medzitým uvaríme bok choy vo vriacej vode do mäkka. Preneste mäso a zeleninu na horúci servírovací tanier. Kukuričnú krupicu a vodu rozmixujeme na pastu, vmiešame do omáčky a za stáleho miešania dusíme, kým omáčka nezredne a nezhustne. Polejeme mäso a podávame s bok choy.

Smažte mäso

pre 4 osoby

225 g / 8 oz chudé hovädzie mäso
45 ml / 3 polievkové lyžice arašidového oleja (arašidy)
1 plátok koreňa zázvoru, nasekaný
2 prelisované strúčiky cesnaku
2 cibuľky (scallions), nasekané
50 g / 2 oz šampiňóny, nakrájané na plátky
1 červená paprika nakrájaná na plátky
225 g / 8 uncí ružičiek karfiolu
50 g / 2 oz snehový hrášok
30 ml / 2 polievkové lyžice sójovej omáčky
15 ml / 1 polievková lyžica kukuričnej múky (kukuričný škrob)
15 ml / 1 polievková lyžica ryžového vína alebo suchého sherry
120 ml / 4 fl oz / ¬Ω šálka hovädzieho vývaru

Mäso nakrájame na tenké plátky proti srsti. Polovicu oleja rozohrejeme a opražíme zázvor, cesnak a pažítku do jemne zlatista. Pridajte mäso a opečte, kým nezhnedne, potom vyberte z panvice. Zohrejte zvyšný olej a opečte zeleninu, kým nie je pokrytá olejom. Pridáme vývar, privedieme do varu, prikryjeme a dusíme, kým zelenina nezmäkne, ale bude stále chrumkavá. Skombinujte sójovú omáčku, kukuričnú múku a víno alebo sherry a premiešajte na panvici. Varte na miernom ohni, miešajte, kým omáčka nezhustne.

steakové pásiky

pre 4 osoby

450 g / 1 libra steaku z panenky
120 ml / 4 fl oz / ¬Ω šálka sójovej omáčky
120 ml / 4 fl oz / ¬Ω šálka kuracieho vývaru
1 cm/¬Ω nakrájaný koreň zázvoru
2 prelisované strúčiky cesnaku
30 ml / 2 polievkové lyžice ryžového vína alebo suchého sherry
15 ml / 1 polievková lyžica hnedého cukru
15 ml / 1 polievková lyžica arašidového oleja

Filet spevnite v mrazničke a potom nakrájajte na dlhé tenké plátky. Zmiešajte všetky zvyšné ingrediencie a steak v zmesi marinujte približne 6 hodín. Steak naplietame na namočené drevené špajle a grilujeme niekoľko minút, kým nebude hotový podľa vlastnej chuti, občas polejeme marinádou.

Dusené hovädzie mäso so sladkými zemiakmi

pre 4 osoby

1 libra / 450 g chudého hovädzieho mäsa, nakrájané na tenké plátky
15 ml / 1 polievková lyžica omáčky z čiernej fazule
15 ml / 1 polievková lyžica sladkej fazuľovej omáčky
15 ml / 1 polievková lyžica sójovej omáčky
5 ml / 1 čajová lyžička cukru
2 plátky koreňa zázvoru, nasekané
2 sladké zemiaky, nakrájané na kocky
30 ml / 2 polievkové lyžice arašidového oleja
100 g / 4 oz strúhanky
15 ml / 1 polievková lyžica sezamového oleja
3 jarné cibuľky (nakrájané nadrobno).

Vložte mäso do misky s fazuľovými omáčkami, sójovou omáčkou, cukrom a zázvorom a nechajte 30 minút marinovať. Vyberte mäso z marinády a pridajte sladké zemiaky. Nechajte stáť 20 minút. Zemiaky položte na základňu malého bambusového parného hrnca. Mäso obalíme v strúhanke a poukladáme na zemiaky. Prikryjeme a dusíme nad vriacou vodou 40 minút.

Rozohrejte sezamový olej a pár sekúnd na ňom opečte jarnú cibuľku. Mäso polejeme mäsom a podávame.

Hovädzia sviečková

pre 4 osoby

450 g / 1 libra chudého hovädzieho mäsa
45 ml / 3 lyžice ryžového vína alebo suchého sherry
15 ml / 1 polievková lyžica sójovej omáčky
10 ml / 2 čajové lyžičky ustricovej omáčky
5 ml / 1 čajová lyžička cukru
5 ml / 1 lyžička kukuričnej múčky (kukuričný škrob)
2,5 ml / ¬Ω lyžičky sódy bikarbóny (hydrogenuhličitan sodný)
štipka soli
1 pretlačený strúčik cesnaku
30 ml / 2 polievkové lyžice arašidového oleja
2 cibule, nakrájané na tenké plátky

Mäso pozdĺž zrna nakrájame na tenké plátky. Zmiešajte víno alebo sherry, sójovú omáčku, ustricovú omáčku, cukor, kukuričný škrob, sódu bikarbónu, soľ a cesnak. Pridajte mäso, prikryte a dajte do chladničky aspoň na 3 hodiny. Rozpálime olej a cibuľku opekáme asi 5 minút dozlatista. Preložíme na teplý servírovací tanier a udržiavame v teple. Pridajte trochu mäsa do woku, plátky rozložte tak, aby sa neprekrývali. Smažte asi 3 minúty z každej strany do zlatista, potom položte na cibuľu a pokračujte v smažení zvyšného mäsa.

mäsový toast

pre 4 osoby

4 plátky chudého hovädzieho mäsa

1 rozšľahané vajce

50 g / 2 oz / ¬Ω šálka vlašských orechov, nasekaných

4 krajce chleba

olej na vyprážanie

Teľacie plátky vyrovnáme a dobre potrieme vajíčkom. Posypeme vlašskými orechmi a navrch položíme krajec chleba. Rozpálime olej a mäso a krajce chleba opekáme asi 2 minúty. Odstráňte z oleja a nechajte vychladnúť. Zohrejte olej a znova ho opečte, kým nie je dobre zhnednutý.

Strúhané hovädzie mäso s tofu a čili

pre 4 osoby

8 uncí / 225 g chudého hovädzieho mäsa, mletého
1 vaječný bielok
2,5 ml / ¬Ω lyžičky sezamového oleja
5 ml / 1 lyžička kukuričnej múčky (kukuričný škrob)
štipka soli
250 ml / 8 fl oz / 1 šálka arašidového oleja (arašidy)
100 g / 4 oz suché tofu, nakrájané na prúžky
5 červených čili, nakrájaných na prúžky
15 ml / 1 polievková lyžica vody
1 plátok koreňa zázvoru, nasekaný
10 ml / 2 čajové lyžičky sójovej omáčky

Mäso zmiešame s bielkom, polovicou sezamového oleja, kukuričným škrobom a soľou. Zahrejte olej a mäso opečte takmer do varu. Odstráňte z panvice. Pridajte tofu do panvice a duste 2 minúty, potom vyberte z panvice. Pridajte čili a smažte 1 minútu. Vráťte tofu do panvice s vodou, zázvorom a sójovou omáčkou a dobre premiešajte. Pridajte mäso a duste, kým sa dobre nezmieša. Podávame pokvapkané zvyšným sezamovým olejom.

hovädzie mäso s paradajkami

pre 4 osoby

30 ml / 2 polievkové lyžice arašidového oleja
3 jarné cibuľky (pokrájané na kocky).
8 oz / 225 g chudého hovädzieho mäsa, nakrájaného na prúžky
60 ml / 4 polievkové lyžice hovädzieho vývaru
15 ml / 1 polievková lyžica kukuričnej múky (kukuričný škrob)
45 ml / 3 polievkové lyžice vody
4 paradajky bez kože a nakrájané na štvrtiny

Rozpálime olej a opražíme jarnú cibuľku do mäkka. Pridajte mäso a duste, kým nezhnedne. Pridáme vývar, privedieme do varu, prikryjeme a varíme 2 minúty. Zmiešajte kukuričnú múku a vodu, vmiešajte do panvice a za stáleho miešania varte, kým omáčka nezhustne. Pridáme paradajky a dusíme, kým sa nezahrejú.

Červené varené hovädzie mäso s repou

pre 4 osoby

450 g / 1 libra chudého hovädzieho mäsa
1 plátok koreňa zázvoru, nasekaný
1 jarná cibuľka (šupka), nasekaná 120 ml / 4 fl oz / ¬Ω šálka
ryžového vína alebo suchého sherry
250 ml / 8 fl oz / 1 šálka vody
2 klinčeky badiánu
1 malá repa, nakrájaná na kocky
120 ml / 4 fl oz / ¬Ω šálka sójovej omáčky
15 ml / 1 polievková lyžica cukru

Mäso, zázvor, jarnú cibuľku, víno alebo sherry, vodu a aníz vložte do hrubej panvice, priveďte do varu, prikryte a duste 45 minút. Pridáme repu, sójovú omáčku a cukor a podľa potreby ešte trochu vody, vrátime do varu, prikryjeme a dusíme ďalších 45 minút, kým mäso nezmäkne. Necháme vychladnúť. Odstráňte mäso a repu z omáčky. Mäso nakrájajte na plátky a položte na servírovací tanier s repou. Precedíme cez omáčku a podávame studené.

Teľacie mäso so zeleninou

pre 4 osoby

225 g / 8 oz chudé hovädzie mäso
15 ml / 1 polievková lyžica kukuričnej múky (kukuričný škrob)
15 ml / 1 polievková lyžica sójovej omáčky
15 ml / 1 polievková lyžica ryžového vína alebo suchého sherry
2,5 ml / ¬Ω lyžičky cukru
45 ml / 3 polievkové lyžice arašidového oleja (arašidy)
1 plátok koreňa zázvoru, nasekaný
2,5 ml / ¬Ω lyžičky soli
100 g / 4 oz cibuľa, nakrájaná na plátky
2 stonky zeleru, nakrájané na plátky
1 červená paprika nakrájaná na plátky
100 g / 4 oz bambusové výhonky, nakrájané na plátky
100 g / 4 oz mrkva, nakrájaná na plátky
120 ml / 4 fl oz / ¬Ω šálka hovädzieho vývaru

Mäso nakrájame na tenké plátky proti srsti a dáme do misy. Skombinujte kukuričnú múku, sójovú omáčku, víno alebo sherry a cukor, nalejte na mäso a premiešajte, aby sa obalilo. Nechajte 30 minút postáť, občas otočte. Polovicu oleja zohrejte a mäso opečte do hneda, potom ho vyberte z panvice. Zohrejte zvyšný olej, pridajte zázvor a soľ, potom pridajte zeleninu a duste, kým sa obalí v oleji. Pridáme vývar, privedieme do varu, prikryjeme a dusíme, kým zelenina nezmäkne, ale bude stále chrumkavá. Vráťte mäso na panvicu a miešajte na miernom ohni asi 1 minútu, aby sa prehrialo.

Dusené mäso

pre 4 osoby

350 g / 12 oz rolované hovädzie mäso
30 ml / 2 polievkové lyžice cukru
30 ml / 2 polievkové lyžice ryžového vína alebo suchého sherry
30 ml / 2 polievkové lyžice sójovej omáčky
5 ml / 1 lyžička škorice
2 cibuľky (scallions), nasekané
1 plátok koreňa zázvoru, nasekaný
45 ml / 3 lyžice sezamového oleja

Hrniec s vodou privedieme do varu, pridáme mäso, privedieme vodu späť do varu a privedieme k rýchlemu varu, aby sa mäso uzavrelo. Odstráňte z panvice. Vložte mäso do čistej panvice a pridajte všetky zvyšné ingrediencie, pričom si nechajte 15 ml / 1 polievková lyžica sezamového oleja. Naplňte hrniec dostatočným množstvom vody, aby bolo mäso zakryté, priveďte do varu, prikryte a duste asi 1 hodinu, kým mäso nezmäkne. Pred podávaním pokvapkáme zvyšným sezamovým olejom.

Plnený filet

za 4'6

675 g / 1¬Ω lb hovädzej sviečkovice v jednom kuse
60 ml / 4 polievkové lyžice vínneho octu
30 ml / 2 polievkové lyžice cukru
10 ml / 2 čajové lyžičky sójovej omáčky
2,5 ml / ¬Ω ČL čerstvo mletého korenia
2,5 ml / ¬Ω lyžička celých klinčekov
5 ml / 1 čajová lyžička mletej škorice
1 bobkový list, rozdrvený
225 g / 8 oz varená dlhozrnná ryža
5 ml / 1 ČL nasekanej čerstvej petržlenovej vňate
štipka soli
30 ml / 2 polievkové lyžice arašidového oleja
30 ml / 2 lyžice bravčovej masti
1 nakrájanú cibuľu

Vložte steak do veľkej misy. V hrnci priveďte do varu vínny ocot, cukor, sójovú omáčku, korenie, klinčeky, škoricu a bobkový list a nechajte vychladnúť. Steak prelejeme, prikryjeme a za občasného otáčania necháme cez noc marinovať v chladničke.

Zmiešame ryžu, petržlenovú vňať, soľ a olej. Mäso sceďte a zmesou natrite steak, zrolujte a pevne zviažte šnúrkou. Roztopte maslo, pridajte cibuľu a steak a opečte, kým nezhnedne zo všetkých strán. Nalejte toľko vody, aby steak takmer pokryl, prikryte a duste 1 Ω hodiny, alebo kým mäso nezmäkne.

teľacie knedle

pre 4 osoby

450 g / 1 libra hladkej múky (univerzálne)
1 balíček ľahko miešaného droždia
10 ml / 2 lyžičky práškového cukru
5 ml / 1 čajová lyžička soli
300 ml / ½ pt / 1¼ šálky mlieka alebo teplej vody
30 ml / 2 polievkové lyžice arašidového oleja
225 g / 8 oz mletého hovädzieho mäsa (mleté)
1 nakrájanú cibuľu
2 kusy stonkového zázvoru, nasekané
50 g / 2 oz nasekaných kešu orieškov
2,5 ml / ½ lyžička prášku z piatich korení
15 ml / 1 polievková lyžica sójovej omáčky
30 ml / 2 polievkové lyžice hoisin omáčky
2,5 ml / ½ lyžičky vínneho octu
15 ml / 1 polievková lyžica kukuričnej múky (kukuričný škrob)
45 ml / 3 polievkové lyžice vody

Múku, droždie, cukor, soľ a mlieko alebo teplú vodu zmiešame a vymiešame hladké cesto. Prikryjeme a necháme 45 minút odpočívať na teplom mieste. Rozpálime olej a mäso opečieme, kým jemne nezhnedne. Pridajte cibuľu, zázvor, kešu oriešky, prášok z piatich korení, sójovú omáčku, omáčku hoisin a vínny ocot a priveďte do varu. Kukuričnú krupicu a vodu zmiešame, pridáme omáčku a dusíme 2 minúty. Necháme vychladnúť. Z cesta vytvarujte 16 guľôčok. Roztlačíme, na každý položíme trochu plnky a cesto uzavrieme okolo plnky. Vložte do parného koša do woku alebo panvice, prikryte a duste nad osolenou vodou asi 30 minút.

Chrumkavé mäsové guľky

pre 4 osoby

225 g / 8 oz mletého hovädzieho mäsa (mleté)
100 g / 4 oz vodné gaštany, nasekané
2 rozšľahané vajcia
5 ml / 1 ČL strúhanej pomarančovej kôry
5 ml / 1 ČL mletého koreňa zázvoru
5 ml / 1 čajová lyžička soli
15 ml / 1 polievková lyžica kukuričnej múky (kukuričný škrob)
225 g / 8 uncí / 2 šálky hladkej múky (univerzálne)
5 ml / 1 lyžička prášku do pečiva
300 ml / ¬Ω pt / 1¬Ω šálky vody
15 ml / 1 polievková lyžica arašidového oleja
olej na vyprážanie

Mäso, vodné gaštany, 1 vajce, pomarančovú kôru, zázvor, soľ a kukuričný škrob zmiešame. Formujte gule. Umiestnite do misky v parnom hrnci nad vriacou vodou a duste asi 20 minút, kým sa neuvarí. Necháme vychladnúť.

Zmiešajte múku, prášok do pečiva, zvyšné vajce, vodu a arašidový olej do hladka. Mäsové guľky namáčame do cesta. Rozpálime olej a fašírky opečieme dozlatista.

Mleté mäso s kešu orieškami

pre 4 osoby

450 g / 1 libra mletého mäsa (mleté)
¬Ω vaječný bielok
5 ml / 1 lyžička ustricovej omáčky
5 ml / 1 ČL svetlej sójovej omáčky
pár kvapiek sezamového oleja
25 g / 1 oz nasekanej čerstvej petržlenovej vňate
45 ml / 3 polievkové lyžice arašidového oleja (arašidy)
25 g / 1 oz / ¬° šálka kešu, nasekaných
15 ml / 1 polievková lyžica hovädzieho vývaru
4 veľké listy šalátu

Mäso zmiešame s bielkom, ustricovou omáčkou, sójovou omáčkou, sezamovým olejom a petržlenovou vňaťou a necháme odležať. Polovicu oleja zohrejte a kešu opražte do zlatista a potom vyberte z panvice. Zvyšný olej rozohrejeme a mäsovú zmes opečieme do zlatista. Pridajte vývar a pokračujte v smažení, kým sa takmer všetka tekutina neodparí. Listy hlávkového šalátu poukladajte na horúci servírovací tanier a po lyžičkách preložte mäso. Podávame posypané opraženými kešu

Teľacie mäso v červenej omáčke

pre 4 osoby

60 ml / 4 polievkové lyžice arašidového oleja
450 g / 1 libra mletého mäsa (mleté)
1 nakrájanú cibuľu
1 nakrájanú červenú papriku
1 nakrájanú zelenú papriku
2 plátky nakrájaného ananásu
45 ml / 3 lyžice sójovej omáčky
45 ml / 3 lyžice suchého bieleho vína
30 ml / 2 polievkové lyžice vínneho octu
30 ml / 2 polievkové lyžice medu
300 ml / ¬Ω pt / 1¬° šálky hovädzieho vývaru
soľ a čerstvo mleté korenie
pár kvapiek chilli oleja

Rozpálime olej a mäso opečieme, kým jemne nezhnedne. Pridajte zeleninu a ananás a smažte 3 minúty. Pridajte sójovú omáčku, víno, vínny ocot, med a vývar. Priveďte do varu, prikryte a varte na miernom ohni 30 minút, kým sa neuvarí. Dochutíme soľou, korením a čili olejom.

Teľacie guličky s lepkavou ryžou

pre 4 osoby

225 g / 8 oz lepkavá ryža

450 g / 1 libra chudého mäsa, mleté (mleté)

1 plátok koreňa zázvoru, nasekaný

1 malá cibuľa nakrájaná

1 vajce, zľahka rozšľahané

15 ml / 1 polievková lyžica sójovej omáčky

2,5 ml / ¬Ω lyžičky kukuričný škrob (kukuričný škrob)

2,5 ml / ¬Ω lyžičky cukru

2,5 ml / ¬Ω lyžičky soli

5 ml / 1 ČL ryžového vína alebo suchého sherry

Ryžu namočte na 30 minút, sceďte a rozložte na tanier. Zmiešajte hovädzie mäso, zázvor, cibuľu, vajcia, sójovú omáčku, kukuričnú múku, cukor, soľ a víno alebo sherry. Formujte guľky veľkosti vlašského orecha. Roľte fašírky v ryži tak, aby boli úplne zakryté, a potom ich vložte do plytkej zapekacej misy s medzerami medzi nimi. Dusíme na mriežke nad vriacou vodou 30 minút. Podávame so sójovou omáčkou a omáčkami z čínskej horčice.

Mäsové guľky so sladkokyslou omáčkou

pre 4 osoby

450 g / 1 libra mletého mäsa (mleté)
1 nadrobno nakrájanú cibuľu
25 g / 1 oz vodných gaštanov, jemne nasekaných
15 ml / 1 polievková lyžica sójovej omáčky
15 ml / 1 polievková lyžica ryžového vína alebo suchého sherry
1 rozšľahané vajce
100 g / 4 oz / ¬Ω šálka kukuričnej múčky (kukuričný škrob)
olej na vyprážanie

Na omáčku:

15 ml / 1 polievková lyžica arašidového oleja
1 zelená paprika nakrájaná na kocky
100 g / 4 oz kúsky ananásu v sirupe
100 g / 4 oz zmiešaných sladkých čínskych uhoriek
100 g / 4 oz / ¬Ω šálka hnedého cukru
120 ml / 4 fl oz / ¬Ω šálka kuracieho vývaru
60 ml / 4 polievkové lyžice vínneho octu
15 ml / 1 polievková lyžica paradajkového pretlaku (pasta)
15 ml / 1 polievková lyžica kukuričnej múky (kukuričný škrob)
15 ml / 1 polievková lyžica sójovej omáčky
soľ a čerstvo mleté korenie

45 ml / 3 lyžice strúhaného kokosu

Zmiešajte mäso, cibuľu, vodné gaštany, sójovú omáčku a víno alebo sherry. Vytvarujte guľky a obaľte v rozšľahanom vajci a potom v maizene. Vyprážame v horúcom oleji niekoľko minút do zlatista. Preložíme na teplý servírovací tanier a udržiavame v teple.

Medzitým rozohrejeme olej a 2 minúty opekáme papriku. Pridajte 2 polievkové lyžice / 30 ml ananásového sirupu, 1 polievkovú lyžicu / 15 ml octu, cukor, vývar, vínny ocot, paradajkový pretlak, kukuričný škrob a sójovú omáčku. Dobre premiešame, privedieme do varu a za stáleho miešania varíme, kým zmes nezhustne a nezhustne. Zvyšok ananásu a uhoriek sceďte a pridajte ich do panvice. Varte na miernom ohni za stáleho miešania 2 minúty. Polejeme fašírky a podávame posypané kokosom.

dusený mäsový puding

pre 4 osoby

6 sušených čínskych húb

225 g / 8 oz mletého hovädzieho mäsa (mleté)

225 g / 8 oz mleté bravčové mäso (mleté)

1 cibuľa nakrájaná na kocky

20 ml / 2 polievkové lyžice mangového chutney

30 ml / 2 polievkové lyžice hoisin omáčky

30 ml / 2 polievkové lyžice sójovej omáčky

5 ml / 1 lyžička prášku z piatich korení

1 pretlačený strúčik cesnaku

5 ml / 1 čajová lyžička soli

1 rozšľahané vajce

45 ml / 3 polievkové lyžice kukuričnej múky (kukuričný škrob)

60 ml / 4 lyžice nasekanej pažítky

10 listov kapusty

300 ml / ¬Ω pt / 1¬° šálky hovädzieho vývaru

Huby namočíme na 30 minút do vlažnej vody, potom scedíme. Zlikvidujte vrcholy a nakrájajte vrcholy. Zmiešajte s mletým mäsom, cibuľou, horúcou omáčkou, omáčkou hoisin, sójovou omáčkou, práškom z piatich korení a cesnakom a dochuťte soľou. Pridáme vajce a maizenu a primiešame pažítku.

Naparovací kôš vystelieme kapustovými listami. Z mletého mäsa vytvarujte koláč a položte ho na plechy. Prikryjeme a dusíme nad hovädzím vývarom na miernom ohni 30 minút.

dusené mleté mäso

pre 4 osoby

450 g / 1 libra mletého mäsa (mleté)
2 nadrobno nakrájané cibule
100 g / 4 oz vodné gaštany, jemne nakrájané
60 ml / 4 polievkové lyžice sójovej omáčky
60 ml / 4 lyžice ryžového vína alebo suchého sherry
soľ a čerstvo mleté korenie

Všetky ingrediencie zmiešame, dochutíme soľou a korením. Natlačíme do malej žiaruvzdornej misky a vložíme do parného hrnca nad vriacou vodou. Prikryjeme a dusíme asi 20 minút, kým sa mäso neuvarí a pokrm si nevytvorí vlastnú chuťovú omáčku.

Restované mleté mäso s ustricovou omáčkou

pre 4 osoby

30 ml / 2 polievkové lyžice arašidového oleja
2 prelisované strúčiky cesnaku
225 g / 8 oz mletého hovädzieho mäsa (mleté)
1 nakrájanú cibuľu
50 g / 2 oz vodné gaštany, nasekané
50 g / 2 oz bambusové výhonky, nasekané
15 ml / 1 polievková lyžica sójovej omáčky
30 ml / 2 polievkové lyžice ryžového vína alebo suchého sherry
15 ml / 1 polievková lyžica ustricovej omáčky

Rozpálime olej a opražíme cesnak do jemne zlatista. Pridáme mäso a miešame, kým zo všetkých strán nezhnedne. Pridajte cibuľu, vodné gaštany a bambusové výhonky a smažte 2 minúty. Pridajte sójovú omáčku a víno alebo sherry, prikryte a duste 4 minúty.

mäsové rolky

pre 4 osoby

350 g / 12 oz mletého mäsa (mleté)
1 rozšľahané vajce
5 ml / 1 lyžička kukuričnej múčky (kukuričný škrob)
5 ml / 1 čajová lyžička arašidového oleja
soľ a čerstvo mleté korenie
4 cibuľky (scallions), nasekané
8 obalov na jarné závitky olej na vyprážanie

Mäso, vajce, kukuričný škrob, olej, soľ, korenie a pažítku zmiešame. Nechajte stáť 1 hodinu. Naberte zmes do každého obalu jarnej rolky, preložte dnu, preložte boky a potom obaly zrolujte, okraje prilepte trochou vody. Zahrejte olej a opečte žemle do zlatista a dobre uvarené. Pred podávaním dobre sceďte.

Hovädzie a špenátové guľky

pre 4 osoby

450 g / 1 libra mletého mäsa (mleté)
1 vajce
100 g / 4 oz strúhanky
60 ml / 4 polievkové lyžice vody
15 ml / 1 polievková lyžica kukuričnej múky (kukuričný škrob)
2,5 ml / ¬Ω lyžičky soli
15 ml / 1 polievková lyžica ryžového vína alebo suchého sherry
30 ml / 2 polievkové lyžice arašidového oleja
45 ml / 3 lyžice sójovej omáčky
120 ml / 4 fl oz / ¬Ω šálka hovädzieho vývaru
350 g / 12 oz špenát, strúhaný

Zmiešajte mäso, vajce, strúhanku, vodu, kukuričný škrob, soľ a víno alebo sherry. Formujte guľky veľkosti vlašského orecha. Rozpálime olej a fašírky opečieme zo všetkých strán dozlatista. Vyberte z panvice a vypustite prebytočný olej. Pridajte sójovú omáčku a vývar do panvice a vráťte mäsové guľky. Priveďte do varu, prikryte a varte na miernom ohni 30 minút za občasného otáčania. Špenát dusíme v samostatnej panvici, kým nezmäkne, potom vmiešame do mäsa a prehrejeme.

Restované hovädzie mäso s tofu

pre 4 osoby

20 ml / 4 čajové lyžičky kukuričnej múky (kukuričný škrob)
10 ml / 2 čajové lyžičky sójovej omáčky
10 ml / 2 čajové lyžičky ryžového vína alebo suchého sherry
225 g / 8 oz mletého hovädzieho mäsa (mleté)
2,5 ml / ½ lyžičky cukru
30 ml / 2 polievkové lyžice arašidového oleja
2,5 ml / ½ lyžičky soli
1 pretlačený strúčik cesnaku
120 ml / 4 fl oz / ½ šálka hovädzieho vývaru
8 oz / 225 g tofu, nakrájané na kocky
2 cibuľky (scallions), nasekané
štipka čerstvo mletého korenia

Zmiešajte polovicu kukuričného škrobu, polovicu sójovej omáčky a polovicu vína alebo sherry. Pridajte k mäsu a dobre premiešajte. Zahrejte olej a niekoľko sekúnd opečte soľ a cesnak. Pridajte mäso a duste, kým nezhnedne. Pridajte vývar a priveďte do varu. Pridáme tofu, prikryjeme a dusíme 2 minúty. Zmiešajte zvyšnú kukuričnú múčku, sójovú omáčku a víno alebo sherry, pridajte do panvice a za stáleho miešania varte, kým omáčka nezhustne.

Jahňacie so špargľou

pre 4 osoby

350 g / 12 uncí špargle
450 g / 1 libra chudého jahňacieho mäsa
45 ml / 3 polievkové lyžice arašidového oleja (arašidy)
soľ a čerstvo mleté korenie
2 prelisované strúčiky cesnaku
250 ml / 8 fl oz / 1 šálka vývaru
1 paradajka bez šupky a nakrájaná na kolieska
15 ml / 1 polievková lyžica kukuričnej múky (kukuričný škrob)
45 ml / 3 polievkové lyžice vody
15 ml / 1 polievková lyžica sójovej omáčky

Špargľu nakrájajte na diagonálne kúsky a vložte ich do misy. Zalejeme vriacou vodou a necháme 2 minúty odstáť a scedíme. Jahňacie mäso nakrájame na tenké plátky proti srsti. Rozohrejte olej a opečte jahňacinu, kým nebude mať svetlú farbu. Pridajte soľ, korenie a cesnak a smažte 5 minút. Pridajte špargľu, vývar a paradajky, priveďte do varu, prikryte a duste 2 minúty. Z kukuričnej múčky, vody a sójovej omáčky vymiešame pastu, vmiešame do panvice a za stáleho miešania dusíme, kým omáčka nezhustne a nezhustne.

Grilovaná jahňacina

pre 4 osoby

450 g / 1 lb chudé jahňacie mäso nakrájané na prúžky
120 ml / 4 fl oz / ¬Ω šálka sójovej omáčky
120 ml / 4 fl oz / ¬Ω šálka ryžového vína alebo suchého sherry
1 pretlačený strúčik cesnaku
3 cibuľky (scallions), nasekané
5 ml / 1 lyžička sezamového oleja
soľ a čerstvo mleté korenie

Vložte jahňacie mäso do misky. Zmiešajte ostatné ingrediencie, nalejte na jahňacinu a nechajte 1 hodinu marinovať. Grilujeme (opekáme) na uhlí, kým sa jahňacina neuvarí, podľa potreby podlievame omáčkou.

Jahňacie mäso so zelenými fazuľkami

pre 4 osoby

1 libra / 450 g zelenej fazule, julienned
45 ml / 3 polievkové lyžice arašidového oleja (arašidy)
450 g / 1 lb chudé jahňacie mäso, nakrájané na tenké plátky
250 ml / 8 fl oz / 1 šálka vývaru
5 ml / 1 čajová lyžička soli
2,5 ml / ¬Ω ČL čerstvo mletého korenia
15 ml / 1 polievková lyžica kukuričnej múky (kukuričný škrob)
5 ml / 1 lyžička sójovej omáčky
75 ml / 5 polievkových lyžíc vody

Fazuľu varíme 3 minúty vo vriacej vode a dobre scedíme. Rozpálime olej a mäso opečieme zo všetkých strán do ružova. Pridajte vývar, priveďte do varu, prikryte a duste 5 minút. Pridáme fazuľu, soľ a korenie, prikryjeme a dusíme 4 minúty, kým sa mäso neuvarí. Kukuričnú krupicu, sójovú omáčku a vodu zmiešame na pastu, vmiešame do panvice a za stáleho miešania dusíme, kým omáčka nezriedka a nezhustne.

dusené jahňacie

pre 4 osoby

450 g / 1 lb vykostené jahňacie pliecko, nakrájané na kocky
15 ml / 1 polievková lyžica arašidového oleja
4 jarné cibuľky (plátky cibule).
10 ml / 2 čajové lyžičky strúhaného koreňa zázvoru
200 ml / ¬Ω pt / 1¬° šálky kuracieho vývaru
30 ml / 2 polievkové lyžice cukru
30 ml / 2 polievkové lyžice sójovej omáčky
15 ml / 1 polievková lyžica hoisin omáčky
15 ml / 1 polievková lyžica ryžového vína alebo suchého sherry
5 ml / 1 lyžička sezamového oleja

Jahňacie mäso blanšírujeme vo vriacej vode 5 minút a scedíme. Rozpálime olej a jahňacinu opekáme asi 5 minút dozlatista. Vyberieme z panvice a necháme odkvapkať na kuchynskom papieri. Odstráňte z panvice všetko okrem 15 ml / 1 polievkovú lyžicu oleja. Rozpálime olej a 2 minúty opekáme jarnú cibuľku a zázvor. Vráťte mäso do panvice so zvyšnými prísadami. Priveďte do varu, prikryte a varte na miernom ohni 1 Ω hodiny, kým mäso nezmäkne.

Jahňacie s brokolicou

pre 4 osoby

75 ml / 5 lyžíc arašidového oleja (arašidy)
1 pretlačený strúčik cesnaku
450 g / 1 lb jahňacie mäso, nakrájané na prúžky
450 g / 1 libra ružičiek brokolice
250 ml / 8 fl oz / 1 šálka vývaru
5 ml / 1 čajová lyžička soli
2,5 ml / ¬Ω ČL čerstvo mletého korenia
30 ml / 2 polievkové lyžice kukuričnej múky (kukuričný škrob)
75 ml / 5 polievkových lyžíc vody
5 ml / 1 lyžička sójovej omáčky

Zahrejte olej a opečte cesnak a jahňacie mäso, kým sa dobre neuvaria. Pridáme brokolicu a vývar, privedieme do varu, prikryjeme a dusíme asi 15 minút, kým brokolica nezmäkne. Okoreníme soľou a korením. Z kukuričnej múčky, vody a sójovej omáčky vymiešame pastu, vmiešame do panvice a za stáleho miešania dusíme, kým omáčka nezhustne a nezhustne.

Jahňacie s vodnými gaštanmi

pre 4 osoby

350 g / 12 oz chudé jahňacie mäso, nakrájané na kúsky

15 ml / 1 polievková lyžica arašidového oleja
2 scallions (scallions), nakrájané na plátky
2 plátky koreňa zázvoru, nasekané
2 nasekané červené chilli papričky
600 ml / 1 bod / 2 Ω šálky vody
100 g / 4 oz repa, nakrájaná na kocky
1 mrkva nakrájaná na kocky
1 tyčinka škorice
2 klinčeky badiánu
2,5 ml / ¬Ω lyžičky cukru
15 ml / 1 polievková lyžica sójovej omáčky
15 ml / 1 polievková lyžica ryžového vína alebo suchého sherry
100 g / 4 oz vodné gaštany
15 ml / 1 polievková lyžica kukuričnej múky (kukuričný škrob)
45 ml / 3 polievkové lyžice vody

Jahňacie mäso blanšírujeme vo vriacej vode 2 minúty a scedíme. Rozpálime olej a 30 sekúnd opekáme jarnú cibuľku, zázvor a čili. Pridajte jahňacie mäso a duste, kým nie je dobre pokryté korením. Pridajte zvyšné ingrediencie okrem vodných gaštanov, kukuričného škrobu a vody, priveďte do varu, čiastočne prikryte a duste asi 1 hodinu, kým jahňacie nezmäkne. Občas skontrolujte a v prípade potreby dolejte vriacou vodou. Odstráňte škoricu a aníz, pridajte vodné gaštany a dusíme odkryté asi 5 minút.

Zmiešajte maizenu a vodu, kým vám nevznikne pasta a trochu vmiešajte do omáčky. Varte na miernom ohni, miešajte, kým omáčka nezhustne.

jahňacina s kapustou

pre 4 osoby

45 ml / 3 polievkové lyžice arašidového oleja (arašidy)
1 libra / 450 g jahňacieho mäsa, nakrájaného na tenké plátky
soľ a čerstvo mleté čierne korenie
1 pretlačený strúčik cesnaku
450 g / 1 lb bok choy, strúhaný
120 ml / 4 fl oz / ¬Ω šálka vývaru
15 ml / 1 polievková lyžica kukuričnej múky (kukuričný škrob)
15 ml / 1 polievková lyžica sójovej omáčky
60 ml / 4 polievkové lyžice vody

Rozpálime olej a opečieme jahňacinu, soľ, korenie a cesnak do jemne zlatista. Pridajte kapustu a miešajte, kým sa obalí v oleji. Pridáme vývar, privedieme do varu, prikryjeme a varíme 10 minút. Kukuričnú krupicu, sójovú omáčku a vodu zmiešame na pastu, vmiešame do panvice a za stáleho miešania dusíme, kým omáčka nezriedka a nezhustne.

Lamb Chow Mein

pre 4 osoby

450 g / 1 libra vaječných rezancov
45 ml / 3 polievkové lyžice arašidového oleja (arašidy)
450 g / 1 lb jahňacie mäso, nakrájané na plátky
1 nakrájanú cibuľu
1 zelerové srdce, nakrájané na plátky
100 g / 4 oz húb
100 g / 4 oz fazuľové klíčky
20 ml / 2 čajové lyžičky kukuričnej múky (kukuričný škrob)
175 ml / 6 fl oz / ¬œ šálka vody
soľ a čerstvo mleté korenie

Rezance varíme vo vriacej vode asi 8 minút, potom scedíme. Rozpálime olej a opečieme jahňacinu do jemne zlatista. Pridajte cibuľu, zeler, šampiňóny a fazuľové klíčky a

smažte 5 minút. Zmiešajte kukuričnú múku a vodu, nalejte do panvice a priveďte do varu. Varte na miernom ohni, miešajte, kým omáčka nezhustne. Nalejeme na rezance a podávame naraz.

Jahňacie karí

pre 4 osoby

30 ml / 2 polievkové lyžice arašidového oleja

2 prelisované strúčiky cesnaku

1 plátok koreňa zázvoru, nasekaný

450 g / 1 lb chudé jahňacie mäso, nakrájané na kocky

100 g zemiakov nakrájaných na kocky

2 na kocky nakrájané mrkvy

15 ml / 1 polievková lyžica kari

250 ml / 8 fl oz / 1 šálka kuracieho vývaru

100 g / 4 oz šampiňóny, nakrájané na plátky

1 zelená paprika nakrájaná na kocky

50 g / 2 oz vodné gaštany, nakrájané na plátky

Rozpálime olej a opražíme cesnak a zázvor do jemne zlatista. Pridajte jahňacie mäso a smažte 5 minút. Pridajte zemiaky a mrkvu a smažte 3 minúty. Pridajte kari a smažte 1 minútu. Pridajte vývar, priveďte do varu, prikryte a duste asi 25 minút. Pridajte huby, kajenské korenie a vodné gaštany a poduste 5 minút. Ak máte radšej hustejšiu omáčku, povarte pár minút, aby sa omáčka zredukovala, alebo zahustite 15 ml / 1 polievková lyžica kukuričného škrobu zmiešaného s trochou vody.

voňavé jahňacie

pre 4 osoby

30 ml / 2 polievkové lyžice arašidového oleja
450 g / 1 lb chudé jahňacie mäso, nakrájané na kocky
2 cibuľky (scallions), nasekané
1 pretlačený strúčik cesnaku
1 plátok koreňa zázvoru, nasekaný
120 ml / 4 fl oz / ¬Ω šálka sójovej omáčky
15 ml / 1 polievková lyžica ryžového vína alebo suchého sherry
15 ml / 1 polievková lyžica hnedého cukru
2,5 ml / ¬Ω lyžičky soli
čerstvo mleté korenie
300 ml / ¬Ω pt / 1¬° šálky vody

Rozpálime olej a opečieme jahňacinu do jemne zlatista. Pridajte pažítku, cesnak a zázvor a smažte 2 minúty. Pridajte sójovú omáčku, víno alebo sherry, cukor a soľ a podľa chuti dochuťte korením. Prísady dobre premiešajte. Pridajte vodu, priveďte do varu, prikryte a varte 2 hodiny.

Grilované jahňacie kocky

pre 4 osoby

120 ml / 4 fl oz / ¬Ω šálka arašidového oleja

60 ml / 4 polievkové lyžice vínneho octu

2 prelisované strúčiky cesnaku

15 ml / 1 polievková lyžica sójovej omáčky

5 ml / 1 čajová lyžička soli

2,5 ml / ¬Ω ČL čerstvo mletého korenia

2,5 ml / ¬Ω čajová lyžička oregana

450 g / 1 lb chudé jahňacie mäso, nakrájané na kocky

Všetky ingrediencie zmiešame, prikryjeme a necháme cez noc marinovať. Na odvodnenie. Mäso položte na rošt a opekajte na grile (opekajte) asi 15 minút, niekoľkokrát otočte, kým jahňacie nezmäkne a jemne nezhnedne.

Jahňacie s Mangetoutom

pre 4 osoby

2 prelisované strúčiky cesnaku

2,5 ml / ¬Ω lyžičky soli

450 g / 1 lb jahňacie, nakrájané na kocky
30 ml / 2 polievkové lyžice kukuričnej múky (kukuričný škrob)
30 ml / 2 polievkové lyžice arašidového oleja
450 g / 1 lb snehového hrášku, nakrájaného na 4
250 ml / 8 fl oz / 1 šálka kuracieho vývaru
10 ml / 2 čajové lyžičky strúhanej citrónovej kôry
30 ml / 2 polievkové lyžice medu
30 ml / 2 polievkové lyžice sójovej omáčky
5 ml / 1 čajová lyžička mletého koriandra
5 ml / 1 ČL rasce, mletej
30 ml / 2 polievkové lyžice paradajkového pretlaku (pasta)
30 ml / 2 polievkové lyžice vínneho octu

Zmiešajte cesnak a soľ a zmiešajte s jahňacinou. Jahňacie mäso natrieme maizenou. Zahrejte olej a opečte jahňacie mäso, kým sa neuvarí. Pridajte snehový hrášok a smažte 2 minúty. Zvyšok maizeny zmiešame s vývarom a nalejeme na panvicu so zvyškom ingrediencií. Priveďte do varu, miešajte a potom varte 3 minúty.

Marinované jahňacie mäso

pre 4 osoby

450 g / 1 libra chudého jahňacieho mäsa
2 prelisované strúčiky cesnaku
5 ml / 1 čajová lyžička soli

120 ml / 4 fl oz / ¬Ω šálka sójovej omáčky
5 ml / 1 lyžička zelerovej soli
olej na vyprážanie

Jahňacinu vložíme do hrnca a už len podlejeme studenou vodou. Pridajte cesnak a soľ, priveďte do varu, prikryte a varte 1 hodinu, kým sa jahňacina neuvarí. Vyberte z panvice a sceďte. Jahňacie mäso dáme do misy, pridáme sójovú omáčku a posypeme zelerovou soľou. Zakryte a nechajte marinovať 2 hodiny alebo cez noc. Jahňacie mäso nakrájame na malé kúsky. Rozpálime olej a opečieme jahňacinu do krehkého stavu. Pred podávaním dobre sceďte.

Jahňacie s hubami

pre 4 osoby

45 ml / 3 polievkové lyžice arašidového oleja (arašidy)
350 g / 12 oz šampiňónov, nakrájaných na plátky
100 g / 4 oz bambusové výhonky, nakrájané na plátky

3 plátky koreňa zázvoru, nasekané
1 libra / 450 g jahňacieho mäsa, nakrájaného na tenké plátky
250 ml / 8 fl oz / 1 šálka vývaru
15 ml / 1 polievková lyžica kukuričnej múky (kukuričný škrob)
15 ml / 1 polievková lyžica sójovej omáčky
60 ml / 4 polievkové lyžice vody

Rozpálime olej a šampiňóny, bambusové výhonky a zázvor opekáme 3 minúty. Pridajte jahňacie mäso a opečte do jemne zlatista. Pridáme vývar, privedieme do varu, prikryjeme a dusíme asi 30 minút, kým sa jahňacina neuvarí a omáčka sa zredukuje na polovicu. Zmiešajte kukuričnú múku, sójovú omáčku a vodu, vmiešajte do panvice a za stáleho miešania varte, kým sa omáčka nezriedi a nezhustne.

Jahňacie s ustricovou omáčkou

pre 4 osoby
30 ml / 2 polievkové lyžice arašidového oleja
1 pretlačený strúčik cesnaku
1 plátok zázvoru nasekaný nadrobno
450 g / 1 lb chudý jabĺk, nakrájaný na plátky

250 ml / 8 fl oz / 1 šálka vývaru
30 ml / 2 polievkové lyžice ustricovej omáčky
15 ml / 1 polievková lyžica ryžového vína alebo sherry
5 ml / 1 čajová lyžička cukru

Zahrejte olej s cesnakom a zázvorom a opečte, kým jemne nezhnedne. Pridajte jahňacie mäso a duste asi 3 minúty, kým jemne nezhnedne. Pridajte vývar, ustricovú omáčku, víno alebo sherry a cukor, za stáleho miešania priveďte do varu, potom prikryte a za občasného miešania duste asi 30 minút, kým sa jahňacina neuvarí. Odstráňte pokrievku a pokračujte vo varení za stáleho miešania asi 4 minúty, kým sa omáčka nezredukuje a nezhustne.

Červené varené jahňacie mäso

pre 4 osoby

30 ml / 2 polievkové lyžice arašidového oleja
450 g / 1 libra jahňacích kotletiek
250 ml / 8 fl oz / 1 šálka kuracieho vývaru
1 cibuľa, nakrájaná na kolieska
120 ml / 4 fl oz / ¬Ω šálka sójovej omáčky

5 ml / 1 čajová lyžička soli

1 plátok koreňa zázvoru, nasekaný

Rozpálime olej a kotlety opečieme z oboch strán do zlatista. Pridajte zvyšné ingrediencie, priveďte do varu, prikryte a duste asi 1 Ω hodiny, kým jahňacie nezmäkne a omáčka sa nezredukuje.

jahňacina s pažítkou

pre 4 osoby

350 g / 12 oz chudé jahňacie mäso, nakrájané na kocky
30 ml / 2 polievkové lyžice sójovej omáčky
30 ml / 2 polievkové lyžice ryžového vína alebo suchého sherry
30 ml / 2 polievkové lyžice arašidového oleja
2 prelisované strúčiky cesnaku
8 jarných cibuľiek (párky), nakrájaných na hrubé plátky

Vložte jahňacie mäso do misky. Zmiešajte 15 ml / 1 polievkovú lyžicu sójovej omáčky, 15 ml / 1 polievkovú lyžicu vína alebo sherry a 15 ml / 1 polievkovú lyžicu oleja a pridajte jahňacie mäso. Necháme macerovať 30 minút. Zvyšný olej rozohrejeme a cesnak na ňom opražíme do jemne zlatista. Mäso scedíme, pridáme na panvicu a opekáme 3 minúty. Pridajte pažítku a smažte 2 minúty. Pridajte marinádu a zvyšnú sójovú omáčku a víno alebo sherry a duste 3 minúty.

jemné jahňacie steaky

pre 4 osoby

450 g / 1 libra chudého jahňacieho mäsa
15 ml / 1 polievková lyžica sójovej omáčky
10 ml / 2 čajové lyžičky ryžového vína alebo suchého sherry
2,5 ml / ¬Ω lyžičky soli
1 malá cibuľa nakrájaná
45 ml / 3 polievkové lyžice arašidového oleja (arašidy)

Jahňacie mäso nakrájajte na tenké plátky a položte na tanier. Zmiešajte sójovú omáčku, víno alebo sherry, soľ a olej, nalejte na jahňacie mäso, prikryte a nechajte 1 hodinu marinovať. Dobre sceďte. Rozpálime olej a jahňacinu opekáme asi 2 minúty, kým nezmäkne.

Jahňací guláš

pre 4 osoby

45 ml / 3 polievkové lyžice arašidového oleja (arašidy)

2 prelisované strúčiky cesnaku

5 ml / 1 lyžička sójovej omáčky

450 g / 1 lb chudé jahňacie mäso, nakrájané na kocky

čerstvo mleté korenie

30 ml / 2 polievkové lyžice hladkej múky (univerzálne)

300 ml / ¬Ω pt / 1¬° šálky vody

15 ml / 1 polievková lyžica paradajkového pretlaku (pasta)
1 bobkový list
100 g / 4 oz húb, nakrájaných na polovicu
3 mrkvy, nakrájané na štvrtiny
6 malých cibúľ, nakrájaných na štvrtiny
15 ml / 1 polievková lyžica cukru
1 stonkový zeler, nakrájaný na plátky
3 zemiaky, nakrájané na kocky
15 ml / 1 polievková lyžica ryžového vína alebo suchého sherry
50 g / 2 oz hrášok
15 ml / 1 polievková lyžica nasekanej čerstvej petržlenovej vňate

Zahrejte polovicu oleja. Do jahňacieho mäsa vmiešame cesnak a sójovú omáčku a ochutíme korením. Mäso opečte, kým jemne nezhnedne. Prisypeme múku a za stáleho miešania varíme, kým sa múka nevstrebe. Pridajte vodu, paradajkový pretlak a bobkový list, priveďte do varu, prikryte a duste 30 minút. Zohrejte zvyšný olej a šampiňóny smažte 3 minúty, potom ich vyberte z panvice. Pridajte mrkvu a cibuľu do panvice a smažte 2 minúty. Posypeme cukrom a zahrievame, kým sa zelenina trblieta. Pridajte šampiňóny, mrkvu, cibuľu, zeler a zemiaky do duseného mäsa, znova prikryte a duste ďalšiu 1 hodinu. Pridáme víno alebo sherry, hrášok a petržlenovú vňať, prikryjeme a dusíme ďalších 30 minút.

Dusené jahňacie mäso

pre 4 osoby

350 g / 12 oz chudé jahňacie mäso nakrájané na prúžky
1 plátok koreňa zázvoru, jemne nasekaný
3 rozšľahané vajcia
45 ml / 3 polievkové lyžice arašidového oleja (arašidy)
2,5 ml / ¬Ω lyžičky soli
5 ml / 1 ČL ryžového vína alebo suchého sherry

Zmiešajte jahňacie mäso, zázvor a vajcia. Rozpálime olej a opekáme jahňaciu zmes 2 minúty. Pridajte soľ a víno alebo sherry a duste 2 minúty.

Pikantné dusené bravčové mäso

pre 4 osoby

450 g / 1 lb bravčového mäsa, nakrájaného na kocky
soľ a korenie
30 ml / 2 polievkové lyžice sójovej omáčky
30 ml / 2 polievkové lyžice hoisin omáčky
45 ml / 3 polievkové lyžice arašidového oleja (arašidy)
120 ml / 4 fl oz / ½ šálky ryžového vína alebo suchého sherry

300 ml / ½ pt / 1 ¼ šálky kuracieho vývaru
5 ml / 1 lyžička prášku z piatich korení
6 nasekaných jarných cibuľiek (cibuliek).
8 oz / 225 g hlivy ustricovej, nakrájanej na plátky
15 ml / 1 polievková lyžica kukuričnej múky (kukuričný škrob)

Mäso dochutíme soľou a korením. Položte na tanier a zmiešajte spolu sójovú omáčku a omáčku hoisin. Prikryjeme a necháme 1 hodinu marinovať. Rozpálime olej a mäso opečieme dozlatista. Pridajte víno alebo sherry, vývar a prášok z piatich korení, priveďte do varu, prikryte a varte 1 hodinu. Pridajte cibuľku a huby, odstráňte pokrievku a dusíme ďalšie 4 minúty. Kukuričný škrob zmiešame s trochou vody, privedieme do varu a za miešania varíme 3 minúty, kým omáčka nezhustne.

parené bravčové buchty

pred 12

30 ml / 2 polievkové lyžice hoisin omáčky
15 ml / 1 polievková lyžica ustricovej omáčky
15 ml / 1 polievková lyžica sójovej omáčky
2,5 ml / ½ lyžičky sezamového oleja
30 ml / 2 polievkové lyžice arašidového oleja
10 ml / 2 čajové lyžičky strúhaného koreňa zázvoru
1 pretlačený strúčik cesnaku

300 ml / ½ pt / 1 ¼ šálky vody
15 ml / 1 polievková lyžica kukuričnej múky (kukuričný škrob)
225 g / 8 oz vareného bravčového mäsa, jemne nakrájaného
4 jarné cibuľky (nakrájané nadrobno).
350 g / 12 oz / 3 šálky hladkej múky (univerzálne)
15 ml / 1 polievková lyžica prášku do pečiva
2,5 ml / ½ lyžičky soli
50 g / 2 oz / ½ šálky bravčovej masti
5 ml / 1 lyžička vínneho octu
12 x 13 cm štvorce z voskovaného papiera

Zmiešajte hoisin, ustricovú a sójovú omáčku a sezamový olej. Rozpálime olej a opražíme zázvor a cesnak do jemne zlatista. Pridajte zmes omáčky a smažte 2 minúty. Zmiešajte 120 ml / 4 fl oz / ½ šálky vody s kukuričnou múkou a vmiešajte do panvice. Za stáleho miešania priveďte do varu a potom varte, kým zmes nezhustne. Pridajte bravčové mäso a cibuľu a nechajte vychladnúť.

Zmiešame múku, prášok do pečiva a soľ. Vtierame bravčovú masť, kým zmes nebude pripomínať jemnú strúhanku. Vínny ocot a zvyšnú vodu zmiešame a následne zmiešame s múkou, aby vzniklo tuhé cesto. Na pomúčenej doske zľahka premiesime, prikryjeme a necháme 20 minút odpočívať.

Cesto ešte raz premiesime, rozdelíme na 12 a z každého vyformujeme guľu. Na pomúčenej doske vyvaľkáme na 15 cm/6 palcové kruhy. Do stredu každého kruhu vložte kúsky plnky, okraje potrite vodou a okraje pritlačte k sebe, aby sa plnka uzavrela. Jednu stranu každého štvorca pergamenového papiera potrieme olejom. Každý drdol položte na papierový štvorec švom nadol. Žemle poukladajte v jednej vrstve na naparovaciu mriežku nad vriacou vodou. Žemle prikryjeme a dusíme asi 20 minút, kým sa neuvaria.

bravčové mäso s kapustou

pre 4 osoby

6 sušených čínskych húb
30 ml / 2 polievkové lyžice arašidového oleja
450 g / 1 lb bravčového mäsa, nakrájaného na prúžky
2 nakrájané cibule
2 červené papriky nakrájané na pásiky
350g / 12oz biela kapusta, strúhaná
2 nasekané strúčiky cesnaku
2 kusy stonkového zázvoru, nasekané

30 ml / 2 polievkové lyžice medu
45 ml / 3 lyžice sójovej omáčky
120 ml / 4 fl oz / ½ šálky suchého bieleho vína
soľ a korenie
10 ml / 2 čajové lyžičky kukuričnej múky (kukuričný škrob)
15 ml / 1 polievková lyžica vody

Huby namočíme na 30 minút do vlažnej vody, potom scedíme. Vyhoďte stonky a odrežte vrcholy. Rozpálime olej a bravčové mäso opečieme do jemne zlatista. Pridajte zeleninu, cesnak a zázvor a smažte 1 minútu. Pridajte med, sójovú omáčku a víno, priveďte do varu, prikryte a duste 40 minút, kým sa mäso neuvarí. Okoreníme soľou a korením. Zmiešajte kukuričnú múku a vodu a vmiešajte do panvice. Za stáleho miešania priveďte do varu a potom varte 1 minútu.

Bravčové s kapustou a paradajkami

pre 4 osoby

30 ml / 2 polievkové lyžice arašidového oleja
450 g / 1 lb chudé bravčové mäso, nakrájané na plátky
soľ a čerstvo mleté korenie
1 pretlačený strúčik cesnaku
1 nadrobno nakrájanú cibuľu
½ kapusty, strúhanej
450 g / 1 lb paradajok, zbavených kože a nakrájaných na štvrtiny
250 ml / 8 fl oz / 1 šálka vývaru
30 ml / 2 polievkové lyžice kukuričnej múky (kukuričný škrob)
15 ml / 1 polievková lyžica sójovej omáčky
60 ml / 4 polievkové lyžice vody

Rozpálime olej a opražíme bravčové mäso, soľ, korenie, cesnak a cibuľu do jemne zlatista. Pridajte kapustu, paradajky a vývar, priveďte do varu, prikryte a varte 10 minút, kým kapusta nezmäkne. Kukuričnú krupicu, sójovú omáčku a vodu zmiešame na pastu, vmiešame do panvice a za stáleho miešania dusíme, kým omáčka nezriedka a nezhustne.

Marinované bravčové s kapustou

pre 4 osoby

350 g / 12 oz slaniny

2 cibuľky (scallions), nasekané

1 plátok koreňa zázvoru, nasekaný

1 tyčinka škorice

3 badiánové klinčeky

45 ml / 3 polievkové lyžice hnedého cukru

600 ml / 1 bod / 2½ šálky vody

15 ml / 1 polievková lyžica arašidového oleja

15 ml / 1 polievková lyžica sójovej omáčky

5 ml / 1 ČL paradajkového pretlaku (pasta)

5 ml / 1 lyžička ustricovej omáčky

100g / 4oz srdiečka z čínskej kapusty

100 g / 4 oz pak choi

Bravčové mäso nakrájajte na 10 cm / 4 kusy a vložte do misy. Pridajte pažítku, zázvor, škoricu, badián, cukor a vodu a nechajte 40 minút postáť. Zahrejte olej, vyberte bravčové mäso z marinády a pridajte ho na panvicu. Opečte do jemne zlatista, potom pridajte sójovú omáčku, paradajkový pretlak a ustricovú omáčku. Priveďte do varu a varte asi 30 minút, kým bravčové mäso nezmäkne a tekutina sa nezredukuje, v prípade potreby pridajte počas varenia trochu vody.

Medzitým podusíme kapustové srdiečka a pak choi nad vriacou vodou asi 10 minút, kým nezmäknú. Poukladajte ich na horúci servírovací tanier, navrch položte bravčové mäso a prelejte omáčkou.

Bravčové mäso so zelerom

pre 4 osoby

45 ml / 3 polievkové lyžice arašidového oleja (arašidy)
1 pretlačený strúčik cesnaku
1 jarná cibuľka (nasekaná cibuľka).
1 plátok koreňa zázvoru, nasekaný
225 g / 8 oz chudé bravčové mäso, nakrájané na prúžky
100 g / 4 oz zeler, nakrájaný na tenké plátky
45 ml / 3 lyžice sójovej omáčky
15 ml / 1 polievková lyžica ryžového vína alebo suchého sherry
5 ml / 1 lyžička kukuričnej múčky (kukuričný škrob)

Rozpálime olej a opražíme cesnak, jarnú cibuľku a zázvor do jemne zlatista. Pridajte bravčové mäso a smažte 10 minút, kým nezhnedne. Pridajte zeler a smažte 3 minúty. Pridajte zvyšné ingrediencie a smažte 3 minúty.

Bravčové mäso s gaštanmi a šampiňónmi

pre 4 osoby

4 sušené čínske huby
100 g / 4 unce / 1 šálka gaštanov
30 ml / 2 polievkové lyžice arašidového oleja
2,5 ml / ½ lyžičky soli
450 g / 1 lb chudé bravčové mäso, nakrájané na kocky
15 ml / 1 polievková lyžica sójovej omáčky
375 ml / 13 fl oz / 1 ½ šálky kuracieho vývaru
100 g / 4 oz vodné gaštany, nakrájané na plátky

Huby namočíme na 30 minút do vlažnej vody, potom scedíme. Vyhoďte stonky a rozrežte vrcholy na polovicu. Gaštany blanšírujeme vo vriacej vode 1 minútu a scedíme. Zahrejte olej a soľ a potom opečte bravčové mäso, kým nie je mierne hnedé. Pridajte sójovú omáčku a smažte 1 minútu. Pridajte vývar a prevarte ho. Pridáme gaštany a vodné gaštany, opäť privedieme do varu, prikryjeme a dusíme asi 1 1/2 hodiny, kým mäso nezmäkne.

Bravčová kotleta Suey

pre 4 osoby

100 g / 4 oz bambusové výhonky, nakrájané na prúžky
100 g / 4 oz vodných gaštanov, nakrájaných na tenké plátky
60 ml / 4 polievkové lyžice arašidového oleja
3 cibuľky (scallions), nasekané
2 prelisované strúčiky cesnaku
1 plátok koreňa zázvoru, nasekaný
225 g / 8 oz chudé bravčové mäso, nakrájané na prúžky
45 ml / 3 lyžice sójovej omáčky
15 ml / 1 polievková lyžica ryžového vína alebo suchého sherry
5 ml / 1 čajová lyžička soli
5 ml / 1 čajová lyžička cukru
čerstvo mleté korenie
15 ml / 1 polievková lyžica kukuričnej múky (kukuričný škrob)

Bambusové výhonky a vodné gaštany blanšírujte vo vriacej vode 2 minúty, potom sceďte a osušte. Rozohrejeme 45 ml / 3 lyžice oleja a orestujeme na ňom jarnú cibuľku, cesnak a zázvor do jemne zlatista. Pridajte bravčové mäso a smažte 4 minúty. Odstráňte z panvice.

Zvyšný olej rozohrejeme a zeleninu opekáme 3 minúty. Pridajte bravčové mäso, sójovú omáčku, víno alebo sherry, soľ, cukor a štipku korenia a varte 4 minúty. Kukuričnú krupicu zmiešame s trochou vody, vmiešame do panvice a na miernom ohni za stáleho miešania varíme, kým omáčka nezriedka a nezhustne.

Bravčové Chow Mein

pre 4 osoby

4 sušené čínske huby
30 ml / 2 polievkové lyžice arašidového oleja
2,5 ml / ½ lyžičky soli
4 cibuľky (scallions), nasekané
225 g / 8 oz chudé bravčové mäso, nakrájané na prúžky
15 ml / 1 polievková lyžica sójovej omáčky
5 ml / 1 čajová lyžička cukru
3 stonky zeleru nakrájané
1 cibuľa, nakrájaná na kolieska
100 g / 4 oz húb, nakrájaných na polovicu
120 ml / 4 fl oz / ½ šálky kuracieho vývaru
smažené rezance

Huby namočíme na 30 minút do vlažnej vody, potom scedíme. Vyhoďte stonky a odrežte vrcholy. Rozpálime olej a soľ a opražíme jarnú cibuľku do mäkka. Pridajte bravčové mäso a opečte, kým nie je jemne zlaté. Sójovú omáčku, cukor, zeler, cibuľu a čerstvé a sušené huby spolu zmiešame a restujeme asi 4 minúty, kým sa ingrediencie dobre nespoja. Pridáme vývar a dusíme 3 minúty. Pridajte polovicu rezancov na panvicu a jemne premiešajte, potom pridajte zvyšné rezance a miešajte, kým sa nezahrejú.

Pečené bravčové Chow Mein

pre 4 osoby

100 g / 4 oz fazuľové klíčky
45 ml / 3 polievkové lyžice arašidového oleja (arašidy)
100 g / 4 oz bok choy, strúhaný
8 oz / 225 g bravčovej pečene, nakrájanej na plátky
5 ml / 1 čajová lyžička soli
15 ml / 1 polievková lyžica ryžového vína alebo suchého sherry

Fazuľové klíčky blanšírujte vo vriacej vode 4 minúty, potom sceďte. Rozpálime olej a opražíme fazuľové klíčky a kapustu do mäkka. Pridajte bravčové mäso, soľ a sherry a duste, kým sa nezahreje. Pridajte polovicu scedených rezancov do panvice a jemne miešajte, kým sa nezohrejú. Pridajte zvyšné rezance a miešajte, kým sa nezahrejú.

bravčové mäso s chutney

pre 4 osoby
5 ml / 1 lyžička prášku z piatich korení

5 ml / 1 ČL kari

450 g / 1 lb bravčového mäsa, nakrájaného na prúžky

30 ml / 2 polievkové lyžice arašidového oleja

6 jarných cibuliek (pokrájaných na prúžky).

1 stonkový zeler, nakrájaný na pásiky

100 g / 4 oz fazuľové klíčky

1 200 g / 7 oz téglik čínskych sladkých uhoriek, nakrájaných na kocky

45 ml / 3 polievkové lyžice mangového chutney

30 ml / 2 polievkové lyžice sójovej omáčky

30 ml / 2 polievkové lyžice paradajkového pretlaku (pasta)

150 ml / ¼ pt / štedrý ½ šálky kuracieho vývaru

10 ml / 2 čajové lyžičky kukuričnej múky (kukuričný škrob)

Korenie dobre votrieme do bravčového mäsa. Zohrejte olej a mäso opekajte 8 minút alebo kým nebude uvarené. Odstráňte z panvice. Pridajte zeleninu do panvice a smažte 5 minút. Vráťte bravčové mäso do panvice so všetkými zvyšnými ingredienciami okrem kukuričnej múčky. Miešajte, kým nie je horúci. Kukuričnú krupicu zmiešame s trochou vody, premiešame na panvici a za stáleho miešania varíme na miernom ohni, kým omáčka nezhustne.

bravčové mäso s uhorkou

pre 4 osoby

225 g / 8 oz chudé bravčové mäso, nakrájané na prúžky
30 ml / 2 polievkové lyžice hladkej múky (univerzálne)
soľ a čerstvo mleté korenie
60 ml / 4 polievkové lyžice arašidového oleja
225 g / 8 oz uhorky, olúpané a nakrájané na plátky
30 ml / 2 polievkové lyžice sójovej omáčky

Bravčové mäso zmiešame s múkou a dochutíme soľou a korením. Zohrejte olej a smažte bravčové mäso asi 5 minút, kým sa neuvarí. Pridajte uhorku a sójovú omáčku a smažte ďalšie 4 minúty. Skontrolujte a upravte korenie a podávajte s praženou ryžou.

Chrumkavé bravčové zväzky

pre 4 osoby

4 sušené čínske huby
30 ml / 2 polievkové lyžice arašidového oleja
225 g / 8 oz bravčové filé, nasekané (mleté)
50 g / 2 oz kreviet, olúpaných a nakrájaných
15 ml / 1 polievková lyžica sójovej omáčky
15 ml / 1 polievková lyžica kukuričnej múky (kukuričný škrob)
30 ml / 2 polievkové lyžice vody
8 obalov na jarné rolky
100 g / 4 oz / 1 šálka kukuričnej múky (kukuričný škrob)
olej na vyprážanie

Huby namočíme na 30 minút do vlažnej vody, potom scedíme. Stonky vyhoďte a vrcholy nasekajte nadrobno. Zohrejte olej a 2 minúty opečte šampiňóny, bravčové mäso, krevety a sójovú omáčku. Zmiešajte kukuričnú múku a vodu, kým nezískate pastu a vmiešajte do zmesi, aby ste vytvorili náplň.

Obaly nakrájajte na pásiky, na koniec každého dajte trochu plnky a rozvaľkajte na trojuholníky, zapečte trochou zmesi múky a vody. Výdatne posypte maizenou. Rozpálime olej a opražíme trojuholníky do chrumkava a dozlatista. Pred podávaním dobre sceďte.

rolky z bravčových vajec

pre 4 osoby

225 g / 8 oz chudé bravčové mäso, strúhané
1 plátok koreňa zázvoru, nasekaný
1 nakrájanú jarnú cibuľku
15 ml / 1 polievková lyžica sójovej omáčky
15 ml / 1 polievková lyžica vody
12 šupiek z rolky
1 rozšľahané vajce
olej na vyprážanie

Zmiešajte bravčové mäso, zázvor, cibuľu, sójovú omáčku a vodu. Do stredu každej šupky dáme trochu plnky a okraje natrieme rozšľahaným vajíčkom. Preložte strany a potom rolku odvaľkajte smerom od seba, pričom okraje zalepte vajíčkom. Duste na mriežke v parnom hrnci 30 minút, kým nie je bravčové mäso uvarené. Zahrejte olej a smažte niekoľko minút, kým nebude chrumkavý a zlatý.

Bravčové a krevetové vaječné rolky

pre 4 osoby

30 ml / 2 polievkové lyžice arašidového oleja
225 g / 8 oz chudé bravčové mäso, strúhané
6 nasekaných jarných cibuľiek (cibuliek).
225 g / 8 uncí fazuľových klíčkov
100 g / 4 oz ošúpané krevety, nasekané
15 ml / 1 polievková lyžica sójovej omáčky
2,5 ml / ½ lyžičky soli
12 šupiek z rolky
1 rozšľahané vajce
olej na vyprážanie

Rozpálime olej a opečieme bravčové mäso a pažítku do jemne zlatista. Medzitým blanšírujte fazuľové klíčky vo vriacej vode 2 minúty, potom sceďte. Do panvice pridajte fazuľové klíčky a duste 1 minútu. Pridajte krevety, sójovú omáčku a soľ a smažte 2 minúty. Necháme vychladnúť.

Do stredu každej šupky dáme trochu plnky a okraje potrieme rozšľahaným vajíčkom. Zložte boky a potom rolky zrolujte, okraje uzavrite vajcom. Zahrejte olej a opečte vaječné rolky do chrumkava a dozlatista.

Dusené bravčové mäso s vajcom

pre 4 osoby

450 g / 1 libra chudého bravčového mäsa
30 ml / 2 polievkové lyžice arašidového oleja
1 nakrájanú cibuľu
90 ml / 6 lyžíc sójovej omáčky
45 ml / 3 lyžice ryžového vína alebo suchého sherry
15 ml / 1 polievková lyžica hnedého cukru
3 vajcia na tvrdo (uvarené na tvrdo).

Hrniec s vodou priveďte do varu, pridajte bravčové mäso, vráťte do varu a varte, kým sa neuzavrie. Vyberte z panvice, dobre sceďte a potom nakrájajte na kocky. Zahrejte olej a opečte cibuľu, kým nezmäkne. Pridajte bravčové mäso a opečte, kým nie je jemne zlaté. Pridáme sójovú omáčku, víno alebo sherry a cukor, prikryjeme a za občasného miešania dusíme 30 minút. Zľahka narežte vonkajšiu stranu vajec, potom ich pridajte na panvicu, prikryte a duste ďalších 30 minút.

horiace prasa

pre 4 osoby

450 g / 1 libra bravčového filé, nakrájaného na prúžky
30 ml / 2 polievkové lyžice sójovej omáčky
30 ml / 2 polievkové lyžice hoisin omáčky
5 ml / 1 lyžička prášku z piatich korení
15 ml / 1 polievková lyžica papriky
15 ml / 1 polievková lyžica hnedého cukru
15 ml / 1 polievková lyžica sezamového oleja
30 ml / 2 polievkové lyžice arašidového oleja
6 nasekaných jarných cibuliek (cibuliek).
1 zelená paprika nakrájaná na kúsky
200 g / 7 oz fazuľové klíčky
2 plátky ananásu, nakrájané na kocky
45 ml / 3 lyžice paradajkovej omáčky (kečup)
150 ml / ¼ pt / štedrý ½ šálky kuracieho vývaru

Vložte mäso do misy. Zmiešajte sójovú omáčku, omáčku hoisin, prášok z piatich korení, korenie a cukor, nalejte na mäso a nechajte 1 hodinu marinovať. Oleje rozohrejeme a mäso opečieme dozlatista. Odstráňte z panvice. Pridajte zeleninu a smažte 2 minúty. Pridajte ananás, paradajkovú omáčku a vývar a priveďte do varu. Vráťte mäso na panvicu a pred podávaním ho zohrejte.

vyprážaný bravčový rezeň

pre 4 osoby

350 g / 12 oz bravčové filé, nakrájané na kocky
15 ml / 1 polievková lyžica ryžového vína alebo suchého sherry
15 ml / 1 polievková lyžica sójovej omáčky
5 ml / 1 lyžička sezamového oleja
30 ml / 2 polievkové lyžice kukuričnej múky (kukuričný škrob)
olej na vyprážanie

Zmiešajte bravčové mäso, víno alebo sherry, sójovú omáčku, sezamový olej a kukuričnú múku tak, aby bolo bravčové mäso pokryté hustým cestom. Rozpálime olej a bravčové mäso opekáme asi 3 minúty dochrumkava. Bravčové mäso vyberieme z panvice, rozohrejeme olej a opäť opekáme asi 3 minúty.

Bravčové mäso s piatimi koreninami

pre 4 osoby

225 g / 8 oz chudé bravčové mäso
5 ml / 1 lyžička kukuričnej múčky (kukuričný škrob)

2,5 ml / ½ lyžičky prášku z piatich korení
2,5 ml / ½ lyžičky soli
15 ml / 1 polievková lyžica ryžového vína alebo suchého sherry
20 ml / 2 polievkové lyžice arašidového oleja
120 ml / 4 fl oz / ½ šálky kuracieho vývaru

Bravčové mäso nakrájame na tenké plátky proti srsti. Zmiešajte bravčové mäso s kukuričnou múkou, práškom z piatich korení, soľou a vínom alebo sherry a dobre premiešajte, aby sa bravčové mäso obalilo. Za občasného miešania necháme 30 minút postáť. Rozpálime olej, pridáme bravčové mäso a opekáme asi 3 minúty. Pridajte vývar, priveďte do varu, prikryte a duste 3 minúty. Ihneď podávajte.

Voňavé dusené bravčové mäso

Podáva 6 až 8

1 kus mandarínkovej kôry
45 ml / 3 polievkové lyžice arašidového oleja (arašidy)

900 g / 2 lbs chudé bravčové mäso, nakrájané na kocky
250 ml / 8 fl oz / 1 šálka ryžového vína alebo suchého sherry
120 ml / 4 fl oz / ½ šálky sójovej omáčky
2,5 ml / ½ čajovej lyžičky anízového prášku
½ tyčinky škorice
4 zuby
5 ml / 1 čajová lyžička soli
250 ml / 8 fl oz / 1 šálka vody
2 scallions (scallions), nakrájané na plátky
1 plátok koreňa zázvoru, nasekaný

Počas prípravy jedla namočte kôru z mandarínky do vody. Rozpálime olej a bravčové mäso opečieme do jemne zlatista. Pridajte víno alebo sherry, sójovú omáčku, anízový prášok, škoricu, klinčeky, soľ a vodu. Priveďte do varu, pridajte kôru z mandarínky, jarnú cibuľku a zázvor. Zakryte a varte asi 1,5 hodiny do mäkka, občas premiešajte a podľa potreby pridajte trochu vriacej vody. Pred podávaním odstráňte korenie.

Bravčové mäso s mletým cesnakom

pre 4 osoby
450 g / 1 lb bravčový bôčik, bez kože
3 plátky koreňa zázvoru
2 cibuľky (scallions), nasekané

30 ml / 2 polievkové lyžice mletého cesnaku
30 ml / 2 polievkové lyžice sójovej omáčky
5 ml / 1 čajová lyžička soli
15 ml / 1 polievková lyžica kuracieho vývaru
2,5 ml / ½ lyžičky čili oleja
4 vetvičky koriandra

Vložte bravčové mäso na panvicu so zázvorom a pažítkou, podlejte vodou, priveďte do varu a varte 30 minút, kým sa neuvarí. Vyberte a dobre sceďte, potom nakrájajte na tenké plátky asi 5 cm/2 štvorce. Vložte plátky do kovového sitka. Hrniec s vodou priveďte do varu, pridajte bravčové plátky a varte 3 minúty, kým sa nezohreje. Poukladajte na horúci servírovací tanier. Zmiešajte cesnak, sójovú omáčku, soľ, vývar a čili olej a nalejte na bravčové mäso. Podávame ozdobené koriandrom.

Vyprážané bravčové so zázvorom

pre 4 osoby

225 g / 8 oz chudé bravčové mäso
5 ml / 1 lyžička kukuričnej múčky (kukuričný škrob)
30 ml / 2 polievkové lyžice sójovej omáčky
30 ml / 2 polievkové lyžice arašidového oleja
1 plátok koreňa zázvoru, nasekaný
1 jarná cibuľka (pokrájaná cibuľka).

45 ml / 3 polievkové lyžice vody
5 ml / 1 lyžička hnedého cukru

Bravčové mäso nakrájame na tenké plátky proti srsti. Pridajte kukuričnú múku, potom posypte sójovou omáčkou a znova premiešajte. Zahrejte olej a opekajte bravčové mäso 2 minúty, kým nie je opečené. Pridajte zázvor a jarnú cibuľku a smažte 1 minútu. Pridajte vodu a cukor, prikryte a duste asi 5 minút, kým sa neuvaria.

Bravčové mäso so zelenými fazuľkami

pre 4 osoby

1 libra / 450 g zelenej fazuľky, nakrájanej na kúsky
30 ml / 2 polievkové lyžice arašidového oleja
2,5 ml / ½ lyžičky soli
1 plátok koreňa zázvoru, nasekaný
225 g / 8 oz chudé bravčové mäso, mleté (mleté)
120 ml / 4 fl oz / ½ šálky kuracieho vývaru

75 ml / 5 polievkových lyžíc vody

2 vajcia

15 ml / 1 polievková lyžica kukuričnej múky (kukuričný škrob)

Fazuľu povarte asi 2 minúty, potom sceďte. Zahrejte olej a niekoľko sekúnd opečte soľ a zázvor. Pridajte bravčové mäso a opečte, kým nie je jemne zlaté. Pridajte fazuľu a duste 30 sekúnd, zakryte olejom. Pridáme vývar, privedieme do varu, prikryjeme a varíme 2 minúty. Rozšľaháme 30 ml / 2 polievkové lyžice vody s vajíčkami a vmiešame ich na panvicu. Zvyšnú vodu zmiešame s kukuričnou múkou. Keď vajcia začnú tuhnúť, pridajte maizenu a varte, kým zmes nezhustne. Ihneď podávajte.

Bravčové mäso so šunkou a tofu

pre 4 osoby

4 sušené čínske huby

5 ml / 1 čajová lyžička arašidového oleja

100 g / 4 oz údená šunka, nakrájaná na plátky

8 oz / 225 g tofu, nakrájané na plátky

8 oz / 225 g chudého bravčového mäsa, nakrájaného na plátky

15 ml / 1 polievková lyžica ryžového vína alebo suchého sherry

soľ a čerstvo mleté korenie

1 plátok koreňa zázvoru, nasekaný
1 jarná cibuľka (nasekaná cibuľka).
10 ml / 2 čajové lyžičky kukuričnej múky (kukuričný škrob)
30 ml / 2 polievkové lyžice vody

Huby namočíme na 30 minút do vlažnej vody, potom scedíme. Vyhoďte stonky a rozrežte vrcholy na polovicu. Potrieme žiaruvzdornú misku arašidovým olejom. Na tanieri navrstvíme šampiňóny, šunku, tofu a bravčové mäso, bravčové mäso navrch. Podlejeme vínom alebo sherry, soľou a korením, zázvorom a pažítkou. Prikryjeme a dusíme na mriežke nad vriacou vodou asi 45 minút, kým sa neuvarí. Vypustite omáčku z misky bez toho, aby ste narušili ingrediencie. Pridajte toľko vody, aby ste získali 250 ml / 8 fl oz / 1 šálka. Zmiešame maizenu a vodu a vmiešame do omáčky. Preložíme do misy a za stáleho miešania dusíme, kým omáčka nezriedka a nezhustne. Bravčovú zmes položte na horúci servírovací tanier, prelejte omáčkou a podávajte.

Vyprážané bravčové špízy

pre 4 osoby

1 libra / 450 g bravčového filé, nakrájané na tenké plátky
100 g / 4 oz varená šunka, nakrájaná na tenké plátky
6 vodných gaštanov, nakrájaných na tenké plátky
30 ml / 2 polievkové lyžice sójovej omáčky
30 ml / 2 polievkové lyžice vínneho octu
15 ml / 1 polievková lyžica hnedého cukru
15 ml / 1 polievková lyžica ustricovej omáčky
pár kvapiek chilli oleja

45 ml / 3 polievkové lyžice kukuričnej múky (kukuričný škrob)
30 ml / 2 polievkové lyžice ryžového vína alebo suchého sherry
2 rozšľahané vajcia
olej na vyprážanie

Striedavo napichajte bravčové mäso, šunku a vodné gaštany na malé špízy. Zmiešajte sójovú omáčku, vínny ocot, cukor, ustricovú omáčku a chilli olej. Nalejte na špízy, prikryte a nechajte 3 hodiny marinovať v chladničke. Zmiešajte kukuričnú múku, víno alebo sherry a vajcia, kým nezískate hladké, husté cesto. Otočte špajle v ceste, aby ste ich obalili. Rozpálime olej a špízy opečieme do jemne zlatista.

Dusené bravčové koleno v červenej omáčke

pre 4 osoby

1 veľké bravčové koleno
1 l / 1½ bodu / 4¼ šálky vriacej vody
5 ml / 1 čajová lyžička soli
120 ml / 4 fl oz / ½ šálky vínneho octu
120 ml / 4 fl oz / ½ šálky sójovej omáčky
45 ml / 3 polievkové lyžice medu
5 ml / 1 ČL borievky
5 ml / 1 lyžička anízu
5 ml / 1 lyžička koriandra

60 ml / 4 polievkové lyžice arašidového oleja
6 jarnej cibuľky (plátky cibule).
2 mrkvy, nakrájané na tenké plátky
1 stonkový zeler, nakrájaný na plátky
45 ml / 3 polievkové lyžice hoisin omáčky
30 ml / 2 polievkové lyžice mangového chutney
75 ml / 5 lyžíc paradajkového pretlaku (pasta)
1 pretlačený strúčik cesnaku
60 ml / 4 lyžice nasekanej pažítky

Bravčové koleno privedieme do varu s vodou, soľou, vínnym octom, 45 ml / 3 polievkovými lyžicami sójovej omáčky, medom a korením. Pridáme zeleninu, vrátime do varu, prikryjeme a dusíme asi 1 ½ hodiny, kým mäso nezmäkne. Vyberte mäso a zeleninu z panvice, nakrájajte mäso od kosti a nakrájajte na kocky. Rozpálime olej a mäso opečieme do zlatista. Pridajte zeleninu a smažte 5 minút. Pridajte zvyšok sójovej omáčky, hoisin omáčku, chutney, paradajkový pretlak a cesnak. Priveďte do varu, miešajte a potom varte 3 minúty. Podávame posypané pažítkou.

marinované bravčové mäso

pre 4 osoby

450 g / 1 libra chudého bravčového mäsa
1 plátok koreňa zázvoru, nasekaný
1 pretlačený strúčik cesnaku
90 ml / 6 lyžíc sójovej omáčky
15 ml / 1 polievková lyžica ryžového vína alebo suchého sherry
45 ml / 3 polievkové lyžice arašidového oleja (arašidy)
1 jarná cibuľka (pokrájaná cibuľka).
15 ml / 1 polievková lyžica hnedého cukru
čerstvo mleté korenie

Bravčové mäso zmiešame so zázvorom, cesnakom, 30 ml / 2 polievkovými lyžicami sójovej omáčky a vínom alebo sherry. Za občasného miešania necháme 30 minút odpočívať, potom mäso vyberieme z marinády. Rozpálime olej a bravčové mäso opečieme do jemne zlatista. Pridáme jarnú cibuľku, cukor, zvyšnú sójovú omáčku a štipku papriky, prikryjeme a dusíme asi 45 minút, kým sa bravčové mäso neuvarí. Bravčové mäso nakrájame na kocky a podávame.

Marinované bravčové kotlety

za 6

6 bravčových rezňov
1 plátok koreňa zázvoru, nasekaný
1 pretlačený strúčik cesnaku
90 ml / 6 lyžíc sójovej omáčky
30 ml / 2 polievkové lyžice ryžového vína alebo suchého sherry
45 ml / 3 polievkové lyžice arašidového oleja (arašidy)
2 cibuľky (scallions), nasekané
15 ml / 1 polievková lyžica hnedého cukru
čerstvo mleté korenie

Z bravčových rezňov odrežte kosť a mäso nakrájajte na kocky. Zmiešajte zázvor, cesnak, 30 ml / 2 polievkové lyžice sójovej omáčky a víno alebo sherry, nalejte na bravčové mäso a za občasného miešania marinujte 30 minút. Odstráňte mäso z marinády. Rozpálime olej a bravčové mäso opečieme do jemne zlatista. Pridajte pažítku a smažte 1 minútu. Zvyšok sójovej omáčky zmiešame s cukrom a štipkou korenia. Pridajte omáčku, priveďte do varu, prikryte a duste asi 30 minút, kým bravčové mäso nezmäkne.

Bravčové s hubami

pre 4 osoby

25 g / 1 oz sušených čínskych húb
30 ml / 2 polievkové lyžice arašidového oleja
1 mletý strúčik cesnaku
225 g / 8 oz chudé bravčové mäso, nakrájané na plátky
4 cibuľky (scallions), nasekané
15 ml / 1 polievková lyžica sójovej omáčky
15 ml / 1 polievková lyžica ryžového vína alebo suchého sherry
5 ml / 1 lyžička sezamového oleja

Huby namočíme na 30 minút do vlažnej vody, potom scedíme. Vyhoďte stonky a odrežte vrcholy. Rozpálime olej a opražíme cesnak do jemne zlatista. Pridajte bravčové mäso a opečte, kým nezhnedne. Pridajte cibuľku, šampiňóny, sójovú omáčku a víno alebo sherry a restujte 3 minúty. Pridajte sezamový olej a ihneď podávajte.

dusená sekaná

pre 4 osoby

450 g / 1 libra mletého bravčového mäsa (mleté)

4 vodné gaštany nakrájané nadrobno

225 g / 8 oz húb, jemne nakrájaných

5 ml / 1 lyžička sójovej omáčky

soľ a čerstvo mleté korenie

1 vajce, zľahka rozšľahané

Všetky ingrediencie dobre premiešame a zo zmesi vytvarujeme plochý koláč vo forme na pečenie. Položte misku na rošt v parnom hrnci, prikryte a duste 1 ½ hodiny.

Bravčové mäso varené na červeno s hubami

pre 4 osoby

450 g / 1 lb chudé bravčové mäso, nakrájané na kocky
250 ml / 8 fl oz / 1 šálka vody
15 ml / 1 polievková lyžica sójovej omáčky
15 ml / 1 polievková lyžica ryžového vína alebo suchého sherry
5 ml / 1 čajová lyžička cukru
5 ml / 1 čajová lyžička soli
225 g / 8 uncí húb

Vložte bravčové mäso a vodu do hrnca a priveďte vodu do varu. Prikryjeme a dusíme 30 minút, potom scedíme a vývar si odložíme. Vráťte bravčové mäso do panvice a pridajte sójovú omáčku. Varte na miernom ohni za stáleho miešania, kým sa sójová omáčka nevstrebe. Pridajte víno alebo sherry, cukor a soľ. Zalejeme odloženým vývarom, privedieme do varu, prikryjeme a dusíme asi 30 minút za občasného obracania mäsa. Pridajte huby a varte ďalších 20 minút.

Palacinka s bravčovými rezancami

pre 4 osoby

30 ml / 2 polievkové lyžice arašidového oleja

5 ml / 2 čajové lyžičky soli

225 g / 8 oz chudé bravčové mäso, nakrájané na prúžky

225 g / 8 oz bok choy, strúhaný

100 g / 4 oz bambusové výhonky, drvené

100 g / 4 oz šampiňónov, nakrájaných na tenké plátky

150 ml / ¼ pt / štedrý ½ šálky kuracieho vývaru

10 ml / 2 čajové lyžičky kukuričnej múky (kukuričný škrob)

15 ml / 1 polievková lyžica ryžového vína alebo suchého sherry

15 ml / 1 polievková lyžica vody

rezancová palacinka

Zahrejte olej a opečte soľ a bravčové mäso do svetlej farby. Pridajte kapustu, bambusové výhonky a huby a smažte 1 minútu. Pridajte vývar, priveďte do varu, prikryte a duste 4 minúty, kým sa bravčové mäso neuvarí. Kukuričnú krupicu rozmixujte na pastu s vínom alebo sherry a vodou, vmiešajte do panvice a varte na miernom ohni za stáleho miešania, kým sa omáčka nezriedi a nezhustne. Na servírovanie polejeme rezancovou plackou.

Bravčové mäso a krevety s rezancami

pre 4 osoby

30 ml / 2 polievkové lyžice arašidového oleja
5 ml / 1 čajová lyžička soli
4 cibuľky (scallions), nasekané
1 pretlačený strúčik cesnaku
225 g / 8 oz chudé bravčové mäso, nakrájané na prúžky
100 g / 4 oz šampiňóny, nakrájané na plátky
4 stonky zeleru, nakrájané na plátky
225 g / 8 oz lúpaných kreviet
30 ml / 2 polievkové lyžice sójovej omáčky
10 ml / 1 čajová lyžička kukuričnej múky (kukuričný škrob)
45 ml / 3 polievkové lyžice vody
rezancová palacinka

Rozpálime olej a soľ a opražíme pažítku a cesnak do mäkka. Pridajte bravčové mäso a opečte, kým nie je jemne zlaté. Pridajte huby a zeler a smažte 2 minúty. Pridajte krevety, posypte sójovou omáčkou a miešajte, kým sa nezohreje. Zmiešajte kukuričnú múčku a vodu na pastu, premiešajte na panvici a za stáleho miešania varte, kým nebude horúca. Na servírovanie polejeme rezancovou plackou.

Bravčové mäso s ustricovou omáčkou

Na 4 až 6 porcií

450 g / 1 libra chudého bravčového mäsa
15 ml / 1 polievková lyžica kukuričnej múky (kukuričný škrob)
10 ml / 2 čajové lyžičky ryžového vína alebo suchého sherry
štipka cukru
45 ml / 3 polievkové lyžice arašidového oleja (arašidy)
10 ml / 2 čajové lyžičky vody
30 ml / 2 polievkové lyžice ustricovej omáčky
čerstvo mleté korenie
1 plátok koreňa zázvoru, nasekaný
60 ml / 4 polievkové lyžice kuracieho vývaru

Bravčové mäso nakrájame na tenké plátky proti srsti. Zmiešajte 5 ml / 1 ČL kukuričnej krupice s vínom alebo sherry, cukrom a 5 ml / 1 ČL oleja, pridajte k bravčovému mäsu a dobre premiešajte, aby sa obalil. Zmiešajte zvyšok kukuričného škrobu s vodou, ustricovou omáčkou a štipkou korenia. Zvyšný olej zohrejte a zázvor 1 minútu opečte. Pridajte bravčové mäso a opečte, kým nie je jemne zlaté. Pridajte vývar a zmes ustricovej omáčky a vody, priveďte do varu, prikryte a duste 3 minúty.

prasa s arašidmi

pre 4 osoby

450 g / 1 lb chudé bravčové mäso, nakrájané na kocky
15 ml / 1 polievková lyžica kukuričnej múky (kukuričný škrob)
5 ml / 1 čajová lyžička soli
1 vaječný bielok
3 cibuľky (scallions), nasekané
1 mletý strúčik cesnaku
1 plátok koreňa zázvoru, nasekaný
45 ml / 3 lyžice kuracieho vývaru
15 ml / 1 polievková lyžica ryžového vína alebo suchého sherry
15 ml / 1 polievková lyžica sójovej omáčky
10 ml / 2 čajové lyžičky čiernej melasy
45 ml / 3 polievkové lyžice arašidového oleja (arašidy)
½ uhorky, nakrájanej na kocky
25 g / 1 oz / ¼ šálky lúpaných arašidov
5 ml / 1 lyžička čili oleja

Zmiešajte bravčové mäso s polovicou kukuričného škrobu, soľou a vaječným bielkom a dobre premiešajte, aby sa bravčové mäso obalilo. Zmiešajte zvyšok kukuričnej krupice s jarnou cibuľkou, cesnakom, zázvorom, vývarom, vínom alebo sherry, sójovou omáčkou a melasou. Zohrejte olej a opečte bravčové mäso, kým nie je mierne hnedé, potom ho vyberte z panvice. Pridajte uhorku na panvicu a smažte niekoľko minút. Vráťte bravčové mäso na panvicu a zľahka premiešajte. Pridajte korenistú zmes, priveďte do varu a za stáleho miešania varte, kým omáčka nezhustne a nezhustne. Pridajte arašidy a čili olej a zohrejte tesne pred podávaním.

Bravčové mäso s paprikou

pre 4 osoby

45 ml / 3 polievkové lyžice arašidového oleja (arašidy)
225 g / 8 oz chudé bravčové mäso, nakrájané na kocky
1 cibuľa nakrájaná na kocky
2 zelené papriky, nakrájané na kocky
½ hlavy čínskych listov, nakrájaných na kocky
1 plátok koreňa zázvoru, nasekaný
15 ml / 1 polievková lyžica sójovej omáčky
15 ml / 1 polievková lyžica cukru
2,5 ml / ½ lyžičky soli

Rozpálime olej a bravčové mäso opekáme asi 4 minúty dozlatista. Pridajte cibuľu a smažte asi 1 minútu. Pridajte papriku a smažte 1 minútu. Pridajte čínske listy a smažte 1 minútu. Zmiešajte zvyšné ingrediencie, vhoďte ich späť do panvice a duste ďalšie 2 minúty.

Pikantné bravčové mäso s kyslou uhorkou

pre 4 osoby

900 g / 2 libry bravčové kotlety

30 ml / 2 polievkové lyžice kukuričnej múky (kukuričný škrob)

45 ml / 3 lyžice sójovej omáčky

30 ml / 2 polievkové lyžice sladkého sherry

5 ml / 1 ČL strúhaného koreňa zázvoru

2,5 ml / ½ lyžičky prášku z piatich korení

štipka čerstvo mletého korenia

olej na vyprážanie

60 ml / 4 polievkové lyžice kuracieho vývaru

Čínska nakladaná zelenina

Nakrájajte kotlety a odstráňte všetok tuk a kosti. Zmiešajte kukuričnú krupicu, 30 ml / 2 polievkové lyžice sójovej omáčky, sherry, zázvor, prášok z piatich korení a korenie. Nalejte na bravčové mäso a premiešajte, aby sa úplne obalilo. Zakryte a nechajte 2 hodiny marinovať, občas obracajte. Zahrejte olej a opečte bravčové mäso dozlatista a dobre uvarené. Nechajte odkvapkať na papierových utierkach. Bravčové mäso nakrájame na hrubé plátky, preložíme na teplý servírovací tanier a udržiavame v teple. Zmiešajte vývar a zvyšnú sójovú omáčku v malom hrnci. Privedieme do varu a nalejeme na bravčové plátky. Podávame ozdobené zmiešanými kyslými uhorkami.

Bravčové mäso so slivkovou omáčkou

pre 4 osoby

450 g / 1 lb dusené bravčové mäso, nakrájané na kocky
2 prelisované strúčiky cesnaku
soľ
60 ml / 4 lyžice paradajkovej omáčky (kečup)
30 ml / 2 polievkové lyžice sójovej omáčky
45 ml / 3 lyžice slivkovej omáčky
5 ml / 1 ČL kari
5 ml / 1 lyžička papriky
2,5 ml / ½ čajovej lyžičky čerstvo mletého korenia
45 ml / 3 polievkové lyžice arašidového oleja (arašidy)
6 jarných cibuliek (pokrájaných na prúžky).
4 mrkvy, nakrájané na prúžky

Marinujte mäso s cesnakom, soľou, paradajkovou omáčkou, sójovou omáčkou, slivkovou omáčkou, kari, paprikou a korením 30 minút. Rozpálime olej a mäso opečieme, kým jemne nezhnedne. Odstráňte z woku. Pridajte zeleninu do oleja a opečte do mäkka. Vráťte mäso na panvicu a pred podávaním ho jemne prehrejte.

Bravčové s krevetami

Podáva 6 až 8

900 g / 2 lb chudé bravčové mäso
30 ml / 2 polievkové lyžice arašidového oleja
1 nakrájanú cibuľu
1 jarná cibuľka (nasekaná cibuľka).
2 prelisované strúčiky cesnaku
30 ml / 2 polievkové lyžice sójovej omáčky
50 g / 2 oz ošúpané krevety, nasekané
(poschodie)
600 ml / 1 bod / 2½ šálky vriacej vody
15 ml / 1 polievková lyžica cukru

Hrniec s vodou priveďte do varu, pridajte bravčové mäso, prikryte a varte 10 minút. Vyberte z panvice a dobre sceďte a potom nakrájajte na kocky. Rozpálime olej a opražíme na ňom cibuľu, jarnú cibuľku a cesnak do jemne zlatista. Pridajte bravčové mäso a opečte, kým nie je jemne zlaté. Pridajte sójovú omáčku a krevety a smažte 1 minútu. Pridajte vriacu vodu a cukor, prikryte a duste asi 40 minút, kým bravčové mäso nezmäkne.

červené varené bravčové mäso

pre 4 osoby

1½ libry / 675 g chudého bravčového mäsa, nakrájaného na kocky
250 ml / 8 fl oz / 1 šálka vody
1 plátok koreňa zázvoru, rozdrvený
60 ml / 4 polievkové lyžice sójovej omáčky
15 ml / 1 polievková lyžica ryžového vína alebo suchého sherry
5 ml / 1 čajová lyžička soli
10 ml / 2 čajové lyžičky hnedého cukru

Vložte bravčové mäso a vodu do hrnca a priveďte vodu do varu. Pridajte zázvor, sójovú omáčku, sherry a soľ, prikryte a duste 45 minút. Pridáme cukor, mäso otočíme, prikryjeme a dusíme ďalších 45 minút, kým bravčové mäso nezmäkne.

Bravčové mäso v červenej omáčke

pre 4 osoby

30 ml / 2 polievkové lyžice arašidového oleja
225 g / 8 oz bravčové obličky, nakrájané na prúžky
450 g / 1 lb bravčového mäsa, nakrájaného na prúžky
1 nakrájanú cibuľu
4 jarné cibuľky (pokrájané na pásiky).
2 mrkvy, nakrájané na prúžky
1 stonkový zeler, nakrájaný na pásiky
1 červená paprika nakrájaná na pásiky
45 ml / 3 lyžice sójovej omáčky
45 ml / 3 lyžice suchého bieleho vína
300 ml / ½ pt / 1 ¼ šálky kuracieho vývaru
30 ml / 2 polievkové lyžice slivkovej omáčky
30 ml / 2 polievkové lyžice vínneho octu
5 ml / 1 lyžička prášku z piatich korení
5 ml / 1 lyžička hnedého cukru
15 ml / 1 polievková lyžica kukuričnej múky (kukuričný škrob)
15 ml / 1 polievková lyžica vody

Zahrejte olej a obličky smažte 2 minúty, potom ich vyberte z panvice. Zohrejte olej a opečte bravčové mäso, kým jemne nezhnedne. Pridajte zeleninu a smažte 3 minúty. Pridajte sójovú omáčku, víno, vývar, slivkovú omáčku, vínny ocot, prášok z piatich korení a cukor, priveďte do varu, prikryte a varte 30 minút, kým sa neuvaria. Pridajte obličky. Zmiešajte kukuričnú múku a vodu a vmiešajte do panvice. Priveďte do varu a za stáleho miešania varte, kým omáčka nezhustne.

Bravčové mäso s ryžovými rezancami

pre 4 osoby

4 sušené čínske huby
100 g / 4 oz ryžové rezance
225 g / 8 oz chudé bravčové mäso, nakrájané na prúžky
15 ml / 1 polievková lyžica kukuričnej múky (kukuričný škrob)
15 ml / 1 polievková lyžica sójovej omáčky
15 ml / 1 polievková lyžica ryžového vína alebo suchého sherry
45 ml / 3 polievkové lyžice arašidového oleja (arašidy)
2,5 ml / ½ lyžičky soli
1 plátok koreňa zázvoru, nasekaný
2 stonky zeleru nakrájané
120 ml / 4 fl oz / ½ šálky kuracieho vývaru
2 scallions (scallions), nakrájané na plátky

Huby namočíme na 30 minút do vlažnej vody, potom scedíme. Vyhoďte stonky a odrežte vrcholy. Rezance namočíme na 30 minút do vlažnej vody, scedíme a nakrájame na 5 cm / 2 kusy. Vložíme bravčové mäso do misy. Skombinujte kukuričnú múku, sójovú omáčku a víno alebo sherry, nalejte na bravčové mäso a premiešajte. Zahrejte olej a niekoľko sekúnd opečte soľ a zázvor. Pridajte bravčové mäso a opečte, kým nie je jemne zlaté. Pridajte huby a zeler a smažte 1 minútu. Pridáme vývar, privedieme do varu, prikryjeme a varíme 2 minúty. Pridajte rezance a zahrievajte 2 minúty. Pridáme pažítku a ihneď podávame.

bohaté bravčové gule

pre 4 osoby

450 g / 1 libra mletého bravčového mäsa (mleté)
100 g / 4 oz tofu, drvené
4 vodné gaštany nakrájané nadrobno
soľ a čerstvo mleté korenie
120 ml / 4 fl oz / ½ šálky arašidového oleja (arašidy)
1 plátok koreňa zázvoru, nasekaný
600 ml / 1 bod / 2½ šálky kuracieho vývaru
15 ml / 1 polievková lyžica sójovej omáčky
5 ml / 1 lyžička hnedého cukru
5 ml / 1 ČL ryžového vína alebo suchého sherry

Bravčové mäso, tofu a gaštany zmiešame a dochutíme soľou a korením. Formujte veľké gule. Zohrejte olej a opečte bravčové guľky zo všetkých strán dozlatista, potom vyberte z panvice. Sceďte všetko okrem 15 ml / 1 polievkovú lyžicu oleja a pridajte zázvor, vývar, sójovú omáčku, cukor a víno alebo sherry. Vráťte bravčové guľky do panvice, priveďte do varu a varte 20 minút, kým sa neuvaria.

pečené bravčové kotlety

pre 4 osoby

4 bravčové kotlety
75 ml / 5 lyžíc sójovej omáčky
olej na vyprážanie
100 g / 4 oz zelerové tyčinky
3 cibuľky (scallions), nasekané
1 plátok koreňa zázvoru, nasekaný
15 ml / 1 polievková lyžica ryžového vína alebo suchého sherry
120 ml / 4 fl oz / ½ šálky kuracieho vývaru
soľ a čerstvo mleté korenie
5 ml / 1 lyžička sezamového oleja

Namáčajte bravčové kotlety v sójovej omáčke, kým nebudú dobre pokryté. Rozpálime olej a kotlety opečieme dozlatista. Vyberte a dobre sceďte. Zeler položte na dno plytkej zapekacej misy. Posypeme jarnou cibuľkou a zázvorom a navrch poukladáme bravčové rezne. Zalejeme vínom alebo sherry a vývarom a dochutíme soľou a korením. Pokvapkáme sezamovým olejom. Pečieme vo vyhriatej rúre na 200°C/400°C/plyn 6 15 minút.

korenené bravčové mäso

pre 4 osoby

1 uhorka na kocky

soľ

450 g / 1 lb chudé bravčové mäso, nakrájané na kocky

5 ml / 1 čajová lyžička soli

45 ml / 3 lyžice sójovej omáčky

30 ml / 2 polievkové lyžice ryžového vína alebo suchého sherry

30 ml / 2 polievkové lyžice kukuričnej múky (kukuričný škrob)

15 ml / 1 polievková lyžica hnedého cukru

60 ml / 4 polievkové lyžice arašidového oleja

1 plátok koreňa zázvoru, nasekaný

1 mletý strúčik cesnaku

1 červená paprika zbavená semienok a nakrájaná

60 ml / 4 polievkové lyžice kuracieho vývaru

Uhorku posypte soľou a odložte. Zmiešajte bravčové mäso, soľ, 15 ml/1 polievkovú lyžicu sójovej omáčky, 15 ml/1 polievkovú lyžicu vína alebo sherry, 15 ml/1 polievkovú lyžicu kukuričnej krupice, hnedý cukor a 15 ml/1 polievkovú lyžicu oleja. Nechajte 30 minút odpočívať a potom mäso vyberte z marinády. Zvyšný olej rozohrejeme a bravčové mäso opečieme do zlatista. Pridajte zázvor, cesnak a čili a smažte 2 minúty. Pridajte uhorku a smažte

2 minúty. Zmiešajte vývar a zvyšnú sójovú omáčku, víno alebo sherry a kukuričnú múku do marinády. Pridajte to do panvice a za stáleho miešania priveďte do varu. Za stáleho miešania dusíme, kým sa omáčka nezriedi a nezhustne a ďalej dusíme, kým sa mäso neprepečie.

Klzké bravčové plátky

pre 4 osoby

8 oz / 225 g chudého bravčového mäsa, nakrájaného na plátky

2 bielka

15 ml / 1 polievková lyžica kukuričnej múky (kukuričný škrob)

45 ml / 3 polievkové lyžice arašidového oleja (arašidy)

50 g / 2 oz bambusové výhonky, nakrájané na plátky

6 nasekaných jarných cibuľiek (cibuliek).

2,5 ml / ½ lyžičky soli

15 ml / 1 polievková lyžica ryžového vína alebo suchého sherry

150 ml / ¼ pt / štedrý ½ šálky kuracieho vývaru

Zmiešajte bravčové mäso s bielkami a kukuričným škrobom, kým nebude dobre pokryté. Zohrejte olej a opečte bravčové mäso, kým nie je mierne hnedé, potom ho vyberte z panvice. Pridajte bambusové výhonky a jarnú cibuľku a smažte 2 minúty. Vráťte bravčové mäso do panvice so soľou, vínom alebo sherry a kuracím vývarom. Priveďte do varu a varte na miernom ohni a miešajte 4 minúty, kým sa bravčové mäso neuvarí.

Bravčové mäso so špenátom a mrkvou

pre 4 osoby

225 g / 8 oz chudé bravčové mäso
2 mrkvy, nakrájané na prúžky
225 g / 8 oz špenát
45 ml / 3 polievkové lyžice arašidového oleja (arašidy)
1 jarná cibuľka (nakrájaná nadrobno).
15 ml / 1 polievková lyžica sójovej omáčky
2,5 ml / ½ lyžičky soli
10 ml / 2 čajové lyžičky kukuričnej múky (kukuričný škrob)
30 ml / 2 polievkové lyžice vody

Bravčové mäso nakrájajte na tenké plátky a potom nakrájajte na pásiky. Mrkvu povarte asi 3 minúty, potom sceďte. Listy špenátu prekrojíme na polovice. Rozpálime olej a opražíme jarnú cibuľku do priehľadnosti. Pridajte bravčové mäso a opečte, kým nie je jemne zlaté. Pridajte mrkvu a sójovú omáčku a smažte 1 minútu. Pridajte soľ a špenát a smažte asi 30 sekúnd, kým nezačne mäknúť. Kukuričnú krupicu a vodu zmiešame na pastu, vmiešame do omáčky a orestujeme do vyčistenia a ihneď podávame.

dusené bravčové mäso

pre 4 osoby

450 g / 1 lb chudé bravčové mäso, nakrájané na kocky
120 ml / 4 fl oz / ½ šálky sójovej omáčky
120 ml / 4 fl oz / ½ šálky ryžového vína alebo suchého sherry
15 ml / 1 polievková lyžica hnedého cukru

Zmiešajte všetky ingrediencie a vložte ich do tepelne odolnej nádoby. Duste na mriežke nad vriacou vodou asi 1½ hodiny, kým nebude uvarené.

pražené bravčové mäso

pre 4 osoby

25 g / 1 oz sušených čínskych húb
15 ml / 1 polievková lyžica arašidového oleja
450 g / 1 lb chudé bravčové mäso, nakrájané na plátky
1 zelená paprika nakrájaná na kocky
15 ml / 1 polievková lyžica sójovej omáčky
15 ml / 1 polievková lyžica ryžového vína alebo suchého sherry
5 ml / 1 čajová lyžička soli
5 ml / 1 lyžička sezamového oleja

Huby namočíme na 30 minút do vlažnej vody, potom scedíme. Vyhoďte stonky a odrežte vrcholy. Rozpálime olej a bravčové mäso opečieme do jemne zlatista. Pridajte papriku a smažte 1 minútu. Pridajte huby, sójovú omáčku, víno alebo sherry, osoľte a niekoľko minút opekajte, kým sa mäso neuvarí. Pred podávaním pridajte sezamový olej.

Bravčové mäso so sladkými zemiakmi

pre 4 osoby

olej na vyprážanie
2 veľké sladké zemiaky, nakrájané na plátky
30 ml / 2 polievkové lyžice arašidového oleja
1 plátok koreňa zázvoru, nakrájaný na plátky
1 nakrájanú cibuľu
450 g / 1 lb chudé bravčové mäso, nakrájané na kocky
15 ml / 1 polievková lyžica sójovej omáčky
2,5 ml / ½ lyžičky soli
čerstvo mleté korenie
250 ml / 8 fl oz / 1 šálka kuracieho vývaru
30 ml / 2 polievkové lyžice kari

Rozpálime olej a batáty opečieme dozlatista. Vyberte z panvice a dobre sceďte. Zahrejte arašidový olej a opečte na ňom zázvor a cibuľu do jemne zlatista. Pridajte bravčové mäso a opečte, kým nie je jemne zlaté. Pridajte sójovú omáčku, soľ a štipku korenia, potom pridajte vývar a kari, priveďte do varu a za stáleho miešania varte 1 minútu. Pridajte hranolky, prikryte a duste 30 minút, kým sa bravčové mäso neuvarí.

sladkokyslé bravčové mäso

pre 4 osoby

450 g / 1 lb chudé bravčové mäso, nakrájané na kocky
15 ml / 1 polievková lyžica ryžového vína alebo suchého sherry
15 ml / 1 polievková lyžica arašidového oleja
5 ml / 1 ČL kari
1 rozšľahané vajce
soľ
100 g / 4 unce kukuričnej múky (kukuričný škrob)
olej na vyprážanie
1 pretlačený strúčik cesnaku
75 g / 3 oz / ½ šálky cukru
50 g / 2 oz paradajková omáčka (kečup)
5 ml / 1 lyžička vínneho octu
5 ml / 1 lyžička sezamového oleja

Bravčové mäso zmiešame s vínom alebo sherry, olejom, kari, vajcom a trochou soli. Pridávajte kukuričnú múku, kým nebude bravčové mäso pokryté cestom. Zohrejte olej, kým sa nezaparí a potom niekoľkokrát pridajte bravčové kocky. Smažte asi 3 minúty, sceďte a odložte. Rozohrejeme olej a kocky opäť opekáme asi 2 minúty. Odstráňte a sceďte. Zahrejte cesnak, cukor, paradajkovú omáčku a vínny ocot a miešajte, kým sa cukor nerozpustí. Priveďte do varu, potom pridajte bravčové kocky a dobre premiešajte. Pridajte sezamový olej a podávajte.

slané prasa

pre 4 osoby

30 ml / 2 polievkové lyžice arašidového oleja
450 g / 1 lb chudé bravčové mäso, nakrájané na kocky
3 jarné cibuľky (plátky cibule).
2 prelisované strúčiky cesnaku
1 plátok koreňa zázvoru, nasekaný
250 ml / 8 fl oz / 1 šálka sójovej omáčky
30 ml / 2 polievkové lyžice ryžového vína alebo suchého sherry
30 ml / 2 polievkové lyžice hnedého cukru
5 ml / 1 čajová lyžička soli
600 ml / 1 bod / 2½ šálky vody

Rozpálime olej a bravčové mäso opečieme dozlatista. Scedíme prebytočný olej, pridáme jarnú cibuľku, cesnak a zázvor a restujeme 2 minúty. Pridajte sójovú omáčku, víno alebo sherry, cukor a soľ a dobre premiešajte. Pridajte vodu, priveďte do varu, prikryte a varte 1 hodinu.

bravčové mäso s tofu

pre 4 osoby

450 g / 1 libra chudého bravčového mäsa
45 ml / 3 polievkové lyžice arašidového oleja (arašidy)
1 nakrájanú cibuľu
1 pretlačený strúčik cesnaku
8 oz / 225 g tofu, nakrájané na kocky
375 ml / 13 fl oz / 1 ½ šálky kuracieho vývaru
15 ml / 1 polievková lyžica hnedého cukru
60 ml / 4 polievkové lyžice sójovej omáčky
2,5 ml / ½ lyžičky soli

Vložte bravčové mäso do hrnca a podlejte vodou. Priveďte do varu a potom povarte 5 minút. Scedíme a necháme vychladnúť, potom nakrájame na kocky.

Rozpálime olej a opražíme na ňom cibuľu a cesnak do jemne zlatista. Pridajte bravčové mäso a opečte, kým nie je jemne zlaté. Pridajte tofu a jemne miešajte, kým sa obalí v oleji. Pridajte vývar, cukor, sójovú omáčku a soľ, priveďte do varu, prikryte a duste asi 40 minút, kým bravčové mäso nezmäkne.

vyprážané bravčové mäso

pre 4 osoby

225 g / 8 oz bravčové filé, nakrájané na kocky
1 vaječný bielok
30 ml / 2 polievkové lyžice ryžového vína alebo suchého sherry
soľ
225 g / 8 uncí kukuričnej múky (kukuričný škrob)
olej na vyprážanie

Zmiešajte bravčové mäso s bielkom, vínom alebo sherry a trochou soli. Postupne zapracujte toľko kukuričnej krupice, aby vzniklo husté cesto. Rozohrejte olej a opečte bravčové mäso zvonka dozlatista a chrumkava a zvnútra mäkké.

dvakrát varené bravčové mäso

pre 4 osoby

225 g / 8 oz chudé bravčové mäso
45 ml / 3 polievkové lyžice arašidového oleja (arašidy)
2 zelené papriky, nakrájané na kocky
2 nasekané strúčiky cesnaku
2 scallions (scallions), nakrájané na plátky
15 ml / 1 polievková lyžica omáčky z fazule chutney
15 ml / 1 polievková lyžica kuracieho vývaru
5 ml / 1 čajová lyžička cukru

Vložte kus bravčového mäsa do panvice, zakryte vodou, priveďte do varu a varte 20 minút, kým sa neuvarí. Vyberte a sceďte a nechajte vychladnúť. Nakrájajte na tenké plátky.

Rozpálime olej a bravčové mäso opečieme do jemne zlatista. Pridajte papriku, cesnak a jarnú cibuľku a smažte 2 minúty. Odstráňte z panvice. Pridajte fazuľový dip, vývar a cukor na panvicu a za stáleho miešania varte 2 minúty. Vráťte bravčové mäso a papriku a duste, kým sa nezahreje. Podávajte naraz.

Bravčové mäso so zeleninou

pre 4 osoby

2 prelisované strúčiky cesnaku
5 ml / 1 čajová lyžička soli
2,5 ml / ½ čajovej lyžičky čerstvo mletého korenia
30 ml / 2 polievkové lyžice arašidového oleja
30 ml / 2 polievkové lyžice sójovej omáčky
225 g / 8 uncí ružičiek brokolice
200 g / 7 uncí ružičiek karfiolu
1 červená paprika nakrájaná na kocky
1 nakrájanú cibuľu
2 pomaranče, ošúpané a nakrájané na kocky
1 kus stonkového zázvoru, nasekaný
30 ml / 2 polievkové lyžice kukuričnej múky (kukuričný škrob)
300 ml / ½ pt / 1 ¼ šálky vody
20 ml / 2 polievkové lyžice vínneho octu
15 ml / 1 polievková lyžica medu
štipka mletého zázvoru
2,5 ml / ½ čajovej lyžičky rasce

Do mäsa rozdrvte cesnak, soľ a korenie. Rozpálime olej a mäso opečieme, kým jemne nezhnedne. Odstráňte z panvice. Pridajte sójovú omáčku a zeleninu do panvice a duste, kým nebude mäkká, ale stále chrumkavá. Pridajte pomaranče a zázvor. Zmiešajte kukuričnú múku a vodu a vmiešajte do panvice s vínnym octom, medom, zázvorom a rascou. Priveďte do varu a varte za stáleho miešania 2 minúty. Vráťte bravčové mäso na panvicu a pred podávaním ho prehrejte.

Bravčové mäso s orechmi

pre 4 osoby

50 g / 2 oz / ½ šálky vlašských orechov
225 g / 8 oz chudé bravčové mäso, nakrájané na prúžky
30 ml / 2 polievkové lyžice hladkej múky (univerzálne)
30 ml / 2 polievkové lyžice hnedého cukru
30 ml / 2 polievkové lyžice sójovej omáčky
olej na vyprážanie
15 ml / 1 polievková lyžica arašidového oleja

Orechy blanšírujeme vo vriacej vode 2 minúty, potom scedíme. Zmiešajte bravčové mäso s múkou, cukrom a 15 ml / 1 polievková lyžica sójovej omáčky, kým nebude dobre obalená. Rozpálime olej a opečieme bravčové mäso dochrumkava a dozlatista. Nechajte odkvapkať na papierových utierkach. Zahrejte arašidový olej a opečte orechy dozlatista. Pridajte bravčové mäso na panvicu, posypte zvyšnou sójovou omáčkou a duste, kým sa nezahreje.

bravčové wontony

pre 4 osoby

450 g / 1 libra mletého bravčového mäsa (mleté)
1 jarná cibuľka (nasekaná cibuľka).
8 oz / 225 g zmiešanej zeleniny, nakrájanej
30 ml / 2 polievkové lyžice sójovej omáčky
5 ml / 1 čajová lyžička soli
40 wonton skinov
olej na vyprážanie

Rozpálime panvicu a opražíme bravčové mäso a jarnú cibuľku do jemne zlatista. Odstráňte z tepla a pridajte zeleninu, sójovú omáčku a soľ.

Ak chcete zložiť wontony, chyťte kožu do dlane ľavej ruky a do stredu položte kúsok plnky. Okraje navlhčite vajíčkom a zložte kožu do trojuholníka, pričom okraje utesnite. Rohy navlhčite vajíčkom a zatočte.

Rozohrejte olej a opečte na ňom wontony po niekoľkých do zlatista. Pred podávaním dobre sceďte.

Bravčové s vodnými gaštanmi

pre 4 osoby

45 ml / 3 polievkové lyžice arašidového oleja (arašidy)
1 pretlačený strúčik cesnaku
1 jarná cibuľka (nasekaná cibuľka).
1 plátok koreňa zázvoru, nasekaný
225 g / 8 oz chudé bravčové mäso, nakrájané na prúžky
100 g / 4 oz vodných gaštanov, nakrájaných na tenké plátky
45 ml / 3 lyžice sójovej omáčky
15 ml / 1 polievková lyžica ryžového vína alebo suchého sherry
5 ml / 1 lyžička kukuričnej múčky (kukuričný škrob)

Rozpálime olej a opražíme cesnak, jarnú cibuľku a zázvor do jemne zlatista. Pridajte bravčové mäso a smažte 10 minút, kým nezhnedne. Pridajte vodné gaštany a smažte 3 minúty. Pridajte zvyšné ingrediencie a smažte 3 minúty.

Bravčové mäso a krevety wontons

pre 4 osoby

225 g / 8 oz mleté bravčové mäso (mleté)
2 cibuľky (scallions), nasekané
100 g / 4 oz zmiešaná zelenina, nakrájaná
100 g nasekaných húb
225 g / 8 oz ošúpaných kreviet, nasekaných
15 ml / 1 polievková lyžica sójovej omáčky
2,5 ml / ½ lyžičky soli
40 wonton skinov
olej na vyprážanie

Zohrejte panvicu a opečte bravčové mäso a pažítku, kým jemne nezhnedne. Zmiešajte so zvyšnými ingredienciami.

Ak chcete zložiť wontony, chyťte kožu do dlane ľavej ruky a do stredu položte kúsok plnky. Okraje navlhčite vajíčkom a zložte kožu do trojuholníka, pričom okraje utesnite. Rohy navlhčite vajíčkom a zatočte.

Rozohrejte olej a opečte na ňom wontony po niekoľkých do zlatista. Pred podávaním dobre sceďte.

Mleté mäsové guľky v pare

pre 4 osoby

2 prelisované strúčiky cesnaku

2,5 ml / ½ lyžičky soli

450 g / 1 libra mletého bravčového mäsa (mleté)

1 nakrájanú cibuľu

1 nakrájanú červenú papriku

1 nakrájanú zelenú papriku

2 kusy stonkového zázvoru, nasekané

5 ml / 1 ČL kari

5 ml / 1 lyžička papriky

1 rozšľahané vajce

45 ml / 3 polievkové lyžice kukuričnej múky (kukuričný škrob)

50 g / 2 oz krátkozrnná ryža

soľ a čerstvo mleté korenie

60 ml / 4 lyžice nasekanej pažítky

Zmiešajte cesnak, soľ, bravčové mäso, cibuľu, papriku, zázvor, kari a papriku. Pridajte vajíčko do zmesi s kukuričným škrobom a ryžou. Dochutíme soľou a korením a potom vmiešame pažítku. Mokrými rukami tvoríme zo zmesi malé guľky. Vložte ich do parného koša, prikryte a varte nad jemne vriacou vodou 20 minút, kým sa neuvaria.

Baby rebierka s omáčkou z čiernej fazule

pre 4 osoby

900 g / 2 libry bravčových rebier

2 prelisované strúčiky cesnaku

2 cibuľky (scallions), nasekané

30 ml / 2 polievkové lyžice omáčky z čiernej fazule

30 ml / 2 polievkové lyžice ryžového vína alebo suchého sherry

15 ml / 1 polievková lyžica vody

30 ml / 2 polievkové lyžice sójovej omáčky

15 ml / 1 polievková lyžica kukuričnej múky (kukuričný škrob)

5 ml / 1 čajová lyžička cukru

120 ml / 4 fl oz ½ šálky vody

30 ml / 2 polievkové lyžice oleja

2,5 ml / ½ lyžičky soli

120 ml / 4 fl oz / ½ šálky kuracieho vývaru

Bravčové rebrá nakrájajte na 2,5 cm kúsky. Zmiešajte cesnak, cibuľovú cibuľku, omáčku z čiernej fazule, víno alebo sherry, vodu a 15 ml / 1 polievkovú lyžicu sójovej omáčky. Zmiešajte zvyšok sójovej omáčky s maizenou, cukrom a vodou. Rozpálime olej a soľ a opečieme bravčové rebierka dozlatista. Vypustite olej. Pridajte cesnakovú zmes a smažte 2 minúty. Pridajte vývar, priveďte do varu, prikryte a duste 4 minúty. Pridáme kukuričnú zmes a za stáleho miešania dusíme, kým sa omáčka nezriedi a nezhustne.

Grilované rebrá

pre 4 osoby

3 strúčiky cesnaku, rozdrvené
75 ml / 5 lyžíc sójovej omáčky
60 ml / 4 polievkové lyžice hoisin omáčky
60 ml / 4 lyžice ryžového vína alebo suchého sherry
45 ml / 3 polievkové lyžice hnedého cukru
30 ml / 2 polievkové lyžice paradajkového pretlaku (pasta)
900 g / 2 libry bravčových rebier
15 ml / 1 polievková lyžica medu

Zmiešajte cesnak, sójovú omáčku, omáčku hoisin, víno alebo sherry, hnedý cukor a paradajkový pretlak, nalejte na rebrá, prikryte a nechajte cez noc marinovať.

Scedíme rebierka a položíme ich na mriežku do pekáča s trochou vody. Pečieme v predhriatej rúre na 180°C / 350°F / plynová značka 4 45 minút, občas podlievame marinádou, pričom si odložíme 30 ml / 2 polievkové lyžice marinády. Odloženú marinádu zmiešame s medom a rebierka natrieme. Grilujeme alebo opekáme (opekáme) pod rozpáleným grilom asi 10 minút.

Pečené javorové rebrá

pre 4 osoby

900 g / 2 libry bravčových rebier
60 ml / 4 polievkové lyžice javorového sirupu
5 ml / 1 čajová lyžička soli
5 ml / 1 čajová lyžička cukru
45 ml / 3 lyžice sójovej omáčky
15 ml / 1 polievková lyžica ryžového vína alebo suchého sherry
1 pretlačený strúčik cesnaku

Bravčové rebrá nakrájajte na 5 cm / 2 kusy a vložte do misy. Zmiešajte všetky ingrediencie, pridajte rebrá a dobre premiešajte. Prikryjeme a necháme cez noc macerovať. Opekáme (opekáme) alebo grilujeme na strednom ohni asi 30 minút.

vyprážané bravčové rebrá

pre 4 osoby

900 g / 2 libry bravčových rebier

120 ml / 4 fl oz / ½ šálky paradajkovej omáčky (kečup)

120 ml / 4 fl oz / ½ šálky vínneho octu

60 ml / 4 polievkové lyžice mangového chutney

45 ml / 3 lyžice ryžového vína alebo suchého sherry

2 nasekané strúčiky cesnaku

5 ml / 1 čajová lyžička soli

45 ml / 3 lyžice sójovej omáčky

30 ml / 2 polievkové lyžice medu

15 ml / 1 polievková lyžica jemného kari

15 ml / 1 polievková lyžica papriky

olej na vyprážanie

60 ml / 4 lyžice nasekanej pažítky

Vložte bravčové rebrá do misy. Všetky suroviny okrem oleja a pažítky zmiešame, nalejeme na rebierka, prikryjeme a necháme marinovať aspoň 1 hodinu. Rozohrejte olej a opečte rebrá dochrumkava. Podávame posypané pažítkou.

Rebrá s pórom

pre 4 osoby

450 g / 1 libra bravčových rebier

olej na vyprážanie

250 ml / 8 fl oz / 1 šálka vývaru

30 ml / 2 lyžice paradajkovej omáčky (kečup)

2,5 ml / ½ lyžičky soli

2,5 ml / ½ lyžičky cukru

2 póry, nakrájané na kocky

6 jarných cibuliek (pokrájaných na kocky).

50 g / 2 oz ružičky brokolice

5 ml / 1 lyžička sezamového oleja

Bravčové rebierka nakrájame na 5 cm / 2 kusy, rozpálime olej a rebierka opečieme, kým nezačnú hnednúť. Vyberte ich z panvice a nalejte všetko okrem 30 ml / 2 polievkové lyžice oleja. Pridajte vývar, paradajkovú omáčku, soľ a cukor, priveďte do varu a varte 1 minútu. Rebierka vráťte na panvicu a na miernom ohni varte asi 20 minút, kým nezmäknú.

Medzitým si zohrejeme ďalších 30 ml / 2 lyžice oleja a orestujeme na ňom pór, jarnú cibuľku a brokolicu asi 5 minút. Posypte sezamovým olejom a položte okolo horúceho servírovacieho taniera. Do stredu nalejte rebrá a omáčku a podávajte.

Rebierka s hubami

Na 4 až 6 porcií

6 sušených čínskych húb
900 g / 2 libry bravčových rebier
2 klinčeky badiánu
45 ml / 3 lyžice sójovej omáčky
5 ml / 1 čajová lyžička soli
15 ml / 1 polievková lyžica kukuričnej múky (kukuričný škrob)

Huby namočíme na 30 minút do vlažnej vody, potom scedíme. Vyhoďte stonky a odrežte vrcholy. Bravčové rebierka nakrájame na 5 cm/2 kúsky, v hrnci privedieme do varu vodu, pridáme rebierka a varíme 15 minút. Dobre sceďte. Vráťte rebrá na panvicu a podlejte studenou vodou. Pridajte huby, badián, sójovú omáčku a soľ. Privedieme do varu, prikryjeme a dusíme asi 45 minút, kým mäso nezmäkne. Kukuričnú krupicu zmiešame s trochou studenej vody, vmiešame do panvice a na miernom ohni za stáleho miešania varíme, kým omáčka nezriedka a nezhustne.

Rebrá s pomarančom

pre 4 osoby

900 g / 2 libry bravčových rebier
5 ml / 1 lyžička strúhaného syra
5 ml / 1 lyžička kukuričnej múčky (kukuričný škrob)
45 ml / 3 lyžice ryžového vína alebo suchého sherry
soľ
olej na vyprážanie
15 ml / 1 polievková lyžica vody
2,5 ml / ½ lyžičky cukru
15 ml / 1 polievková lyžica paradajkového pretlaku (pasta)
2,5 ml / ½ lyžičky chilli omáčky
strúhaná kôra z 1 pomaranča
1 nakrájaný pomaranč

Bravčové rebierka nakrájajte na kúsky a zmiešajte so syrom, kukuričným škrobom, 5 ml/1 ČL vína alebo sherry a štipkou soli. Necháme macerovať 30 minút. Rozpálime olej a rebierka opekáme asi 3 minúty do zlatista. Vo woku zohrejeme 15 ml / 1 polievkovú lyžicu oleja, pridáme vodu, cukor, paradajkový pretlak, čili omáčku, pomarančovú kôru a zvyšok vína alebo sherry a na miernom ohni miešame 2 minúty. Pridajte bravčové mäso a miešajte, kým sa dobre nepotiahne. Preložíme na horúci servírovací tanier a podávame ozdobené plátkami pomaranča.

Ananásové rebrá

pre 4 osoby

900 g / 2 libry bravčových rebier
600 ml / 1 bod / 2½ šálky vody
30 ml / 2 polievkové lyžice arašidového oleja
2 strúčiky cesnaku nakrájané nadrobno
200 g / 7 oz kúsky ananásu zavárané v ovocnej šťave
120 ml / 4 fl oz / ½ šálky kuracieho vývaru
60 ml / 4 polievkové lyžice vínneho octu
50 g / 2 oz / ¼ šálky hnedého cukru
15 ml / 1 polievková lyžica sójovej omáčky
15 ml / 1 polievková lyžica kukuričnej múky (kukuričný škrob)
3 cibuľky (scallions), nasekané

Vložte bravčové mäso a vodu do hrnca, priveďte do varu, prikryte a varte 20 minút. Dobre sceďte.

Rozpálime olej a opražíme cesnak do jemne zlatista. Pridajte rebrá a smažte, kým nie sú dobre pokryté olejom. Sceďte kúsky ananásu a pridajte 120 ml / 4 fl oz / ½ šálky šťavy do panvice s vývarom, vínnym octom, cukrom a sójovou omáčkou. Priveďte do varu, prikryte a varte na miernom ohni 10 minút. Pridáme scedený ananás. Kukuričnú krupicu zmiešame s trochou vody, vmiešame do omáčky a za stáleho miešania dusíme, kým omáčka nezhustne a nezhustne. Podávame posypané pažítkou.

Chrumkavé krevetové rebrá

pre 4 osoby

900 g / 2 libry bravčových rebier
450 g / 1 libra ošúpaných kreviet
5 ml / 1 čajová lyžička cukru
soľ a čerstvo mleté korenie
30 ml / 2 polievkové lyžice hladkej múky (univerzálne)
1 vajce, zľahka rozšľahané
100 g / 4 oz strúhanky
olej na vyprážanie

Bravčové rebrá nakrájajte na 5 cm / 2 kusy, nakrájajte mäso a nakrájajte ho s krevetami, cukrom, soľou a korením. Pridajte múku a toľko vajec, aby bola zmes lepkavá. Kusy bravčového rebierka pritlačte a potom posypte strúhankou. Rozpálime olej a rebierka opekáme, kým nevyplávajú na povrch. Dobre sceďte a podávajte horúce.

Rebierka s ryžovým vínom

pre 4 osoby

900 g / 2 libry bravčových rebier
450 ml / ¾ pt / 2 šálky vody
60 ml / 4 polievkové lyžice sójovej omáčky
5 ml / 1 čajová lyžička soli
30 ml / 2 polievkové lyžice ryžového vína
5 ml / 1 čajová lyžička cukru

Rebierka nakrájame na 1/2,5 cm kúsky, vložíme do hrnca s vodou, sójovou omáčkou a soľou, privedieme do varu, prikryjeme a na miernom ohni varíme 1 hodinu. Dobre sceďte. Rozohrejte panvicu a pridajte rebrá, ryžové víno a cukor. Na prudkom ohni restujte, kým sa tekutina neodparí.

Rebrá so sezamovými semienkami

pre 4 osoby

900 g / 2 libry bravčových rebier

1 vajce

30 ml / 2 polievkové lyžice hladkej múky (univerzálne)

5 ml / 1 lyžička zemiakovej múky

45 ml / 3 polievkové lyžice vody

olej na vyprážanie

30 ml / 2 polievkové lyžice arašidového oleja

30 ml / 2 lyžice paradajkovej omáčky (kečup)

30 ml / 2 polievkové lyžice hnedého cukru

10 ml / 2 čajové lyžičky vínneho octu

45 ml / 3 lyžice sezamových semienok

4 listy šalátu

Bravčové rebrá nakrájajte na 10 cm / 4 kusy a vložte do misy. Vajíčko zmiešame s múkou, zemiakovou múkou a vodou, pridáme k rebierkam a necháme 4 hodiny odpočívať.

Rozpálime olej a bravčové rebrá opečieme dozlatista, vyberieme a scedíme. Zohrejte olej a pár minút na ňom opečte paradajkovú omáčku, hnedý cukor, vínny ocot. Pridajte bravčové rebrá a duste, kým nebudú úplne zakryté. Posypeme sezamovými semienkami a smažíme 1 minútu. Listy hlávkového šalátu poukladajte na horúci servírovací tanier, položte naň rebrá a podávajte.

Sladké a jemné rebierka

pre 4 osoby

900 g / 2 libry bravčových rebier
600 ml / 1 bod / 2½ šálky vody
30 ml / 2 polievkové lyžice arašidového oleja
2 prelisované strúčiky cesnaku
5 ml / 1 čajová lyžička soli
100 g / 4 oz / ½ šálky hnedého cukru
75 ml / 5 polievkových lyžíc kuracieho vývaru
60 ml / 4 polievkové lyžice vínneho octu
100 g / 4 oz kúsky ananásu zavárané v sirupe
15 ml / 1 polievková lyžica paradajkového pretlaku (pasta)
15 ml / 1 polievková lyžica sójovej omáčky
15 ml / 1 polievková lyžica kukuričnej múky (kukuričný škrob)
30 ml / 2 polievkové lyžice sušeného kokosu

Vložte bravčové mäso a vodu do hrnca, priveďte do varu, prikryte a varte 20 minút. Dobre sceďte.

Rozpálime olej a opečieme rebierka s cesnakom a soľou do zlatista. Pridajte cukor, vývar a vínny ocot a priveďte do varu. Ananás scedíme a do panvice s paradajkovým pretlakom, sójovou omáčkou a kukuričným škrobom pridáme 30 ml / 2 polievkové lyžice sirupu. Dobre premiešame a dusíme za stáleho miešania, kým sa omáčka nezriedi a nezhustne. Pridajte ananás, povarte 3 minúty a podávajte posypané kokosom.

Dusené rebrá

pre 4 osoby

900 g / 2 libry bravčových rebier
1 rozšľahané vajce
5 ml / 1 lyžička sójovej omáčky
5 ml / 1 čajová lyžička soli
10 ml / 2 čajové lyžičky kukuričnej múky (kukuričný škrob)
10 ml / 2 lyžičky cukru
60 ml / 4 polievkové lyžice arašidového oleja
250 ml / 8 fl oz / 1 šálka vínneho octu
250 ml / 8 fl oz / 1 šálka vody
250 ml / 8 fl oz / 1 šálka ryžového vína alebo suchého sherry

Vložte bravčové rebrá do misy. Vajíčko zmiešame so sójovou omáčkou, soľou, polovicou kukuričného škrobu a polovicou cukru, pridáme k rebrám a dobre premiešame. Rozpálime olej a opečieme bravčové rebierka dozlatista. Pridáme ostatné suroviny, privedieme do varu a varíme, kým sa tekutina takmer neodparí.

Rebierka s paradajkami

pre 4 osoby

900 g / 2 libry bravčových rebier

75 ml / 5 lyžíc sójovej omáčky

30 ml / 2 polievkové lyžice ryžového vína alebo suchého sherry

2 rozšľahané vajcia

45 ml / 3 polievkové lyžice kukuričnej múky (kukuričný škrob)

olej na vyprážanie

45 ml / 3 polievkové lyžice arašidového oleja (arašidy)

1 cibuľa, nakrájaná na tenké plátky

250 ml / 8 fl oz / 1 šálka kuracieho vývaru

60 ml / 4 lyžice paradajkovej omáčky (kečup)

10 ml / 2 čajové lyžičky hnedého cukru

Bravčové rebrá nakrájajte na 2,5 cm kúsky. Zmiešajte so 60 ml / 4 polievkovými lyžicami sójovej omáčky a vínom alebo sherry a za občasného miešania nechajte 1 hodinu macerovať. Scedíme, marinádu zlikvidujeme. Rebierka natrieme vajcom a potom maizenou. Zohrejte olej a opečte rebrá, niekoľko po druhom, do zlatista. Dobre sceďte. Zahrejte arašidový olej (arašidy) a opečte cibuľu, kým nebude priehľadná. Pridajte vývar, zvyšnú sójovú omáčku, paradajkovú omáčku a hnedý cukor a za stáleho miešania varte 1 minútu. Pridáme rebrá a dusíme 10 minút.

Grilované bravčové mäso

Na 4 až 6 porcií

1,25 kg / 3 lb vykostené bravčové pliecko
2 prelisované strúčiky cesnaku
2 cibuľky (scallions), nasekané
250 ml / 8 fl oz / 1 šálka sójovej omáčky
120 ml / 4 fl oz / ½ šálky ryžového vína alebo suchého sherry
100 g / 4 oz / ½ šálky hnedého cukru
5 ml / 1 čajová lyžička soli

Vložte bravčové mäso do misy. Zmiešajte ostatné ingrediencie, nalejte na bravčové mäso, prikryte a nechajte 3 hodiny marinovať. Preneste bravčové mäso a marinádu do pekáča a pečte v predhriatej rúre pri teplote 200 °C/400 °F/plyn značka 6 počas 10 minút. Znížte teplotu na 160°C/325°F/ plynová značka 3 na 1¾ hodiny, kým nebude bravčové mäso uvarené.

Studené bravčové s horčicou

pre 4 osoby

1 kg / 2 lb vykostené pečené bravčové mäso
250 ml / 8 fl oz / 1 šálka sójovej omáčky
120 ml / 4 fl oz / ½ šálky ryžového vína alebo suchého sherry
100 g / 4 oz / ½ šálky hnedého cukru
3 cibuľky (scallions), nasekané
5 ml / 1 čajová lyžička soli
30 ml / 2 polievkové lyžice horčičného prášku

Vložte bravčové mäso do misy. Všetky zvyšné suroviny okrem horčice zmiešame a nalejeme na bravčové mäso. Za častého podlievania necháme marinovať aspoň 2 hodiny. Pekáč vysteľte hliníkovou fóliou a položte bravčové mäso na rošt v panvici. Pečte v predhriatej rúre pri 200°C / 400°F / plyn stupeň 6 počas 10 minút a potom znížte teplotu na 160°C / 325°F / plyn stupeň 3 ďalších 1¾ hodiny, kým bravčové mäso nezmäkne. Necháme vychladnúť a potom schladiť v chladničke. Nakrájajte na veľmi tenké plátky. Zmiešajte horčičný prášok s dostatočným množstvom vody, aby ste vytvorili krémovú pastu, ktorú môžete podávať s bravčovým mäsom.

čínske pečené bravčové mäso

za 6

1,25 kg / 3 lb bravčového mäsa, hrubý plátok
2 strúčiky cesnaku nakrájané nadrobno
30 ml / 2 polievkové lyžice ryžového vína alebo suchého sherry
15 ml / 1 polievková lyžica hnedého cukru
15 ml / 1 polievková lyžica medu
90 ml / 6 lyžíc sójovej omáčky
2,5 ml / ½ lyžičky prášku z piatich korení

Vložte bravčové mäso do plytkej misky. Zmiešajte zvyšné ingrediencie, nalejte na bravčové mäso, prikryte a nechajte cez noc marinovať v chladničke, občas otočte a podlievajte.

Bravčové plátky poukladajte na mriežku do pekáča naplneného trochou vody a dobre pokvapkajte marinádou. Pečieme v predhriatej rúre na 180°C/350°F/plyn číslo 5 asi 1 hodinu za občasného podlievania, kým bravčové mäso nie je upečené.

bravčové mäso so špenátom

Podáva 6 až 8

30 ml / 2 polievkové lyžice arašidového oleja
1,25 kg / 3 libry bravčového karé
250 ml / 8 fl oz / 1 šálka kuracieho vývaru
15 ml / 1 polievková lyžica hnedého cukru
60 ml / 4 polievkové lyžice sójovej omáčky
900 g / 2 lb špenát

Rozpálime olej a bravčové mäso opečieme zo všetkých strán. Odstraňuje väčšinu tuku. Pridajte vývar, cukor a sójovú omáčku, priveďte do varu, prikryte a duste asi 2 hodiny, kým sa bravčové mäso neuvarí. Vyberte mäso z panvice a nechajte ho mierne vychladnúť a potom ho nakrájajte. Pridajte špenát na panvicu a varte na miernom ohni za mierneho miešania, kým nezvädne. Špenát sceďte a položte na horúci servírovací tanier. Navrch položte bravčové plátky a podávajte.

vyprážané bravčové guľky

pre 4 osoby

450 g / 1 libra mletého bravčového mäsa (mleté)
1 plátok koreňa zázvoru, nasekaný
15 ml / 1 polievková lyžica kukuričnej múky (kukuričný škrob)
15 ml / 1 polievková lyžica vody
2,5 ml / ½ lyžičky soli
10 ml / 2 čajové lyžičky sójovej omáčky
olej na vyprážanie

Zmiešajte bravčové mäso a zázvor. Zmiešajte kukuričnú múku, vodu, soľ a sójovú omáčku, potom pridajte zmes k bravčovému mäsu a dobre premiešajte. Formujte guľky veľkosti vlašského orecha. Rozpálime olej a fašírky opekáme, kým nevystúpia na povrch oleja. Vyberte z oleja a prehrejte. Vráťte bravčové mäso na panvicu a smažte 1 minútu. Dobre sceďte.

Bravčové a krevetové vaječné rolky

pre 4 osoby

30 ml / 2 polievkové lyžice arašidového oleja
225 g / 8 oz mleté bravčové mäso (mleté)
225 g / 8 oz krevety
100 g / 4 oz čínske listy, strúhané
100 g / 4 oz bambusové výhonky, nakrájané na prúžky
100 g / 4 oz vodných gaštanov, nakrájaných na prúžky
10 ml / 2 čajové lyžičky sójovej omáčky
5 ml / 1 čajová lyžička soli
5 ml / 1 čajová lyžička cukru
3 jarné cibuľky (nakrájané nadrobno).
8 škrupín z rolky
olej na vyprážanie

Zohrejte olej a opečte bravčové mäso, kým nie je opečené. Pridajte krevety a smažte 1 minútu. Pridajte čínske listy, bambusové výhonky, vodné gaštany, sójovú omáčku, soľ a cukor a duste 1 minútu, potom prikryte a duste 5 minút. Pridáme cibuľku, preložíme do cedníka a necháme odkvapkať.

Naberte niekoľko polievkových lyžíc plnkovej zmesi do stredu kože každého vajcového valčeka, preložte dnu, prehnite boky a potom zrolujte, čím priložíte plnku. Okraj utesnite trochou zmesi múky a vody a nechajte 30 minút sušiť. Rozohrejte olej a rožky smažte asi 10 minút, kým nie sú chrumkavé a zlaté. Pred podávaním dobre sceďte.

Mleté bravčové mäso v pare

pre 4 osoby

450 g / 1 libra mletého bravčového mäsa (mleté)
5 ml / 1 lyžička kukuričnej múčky (kukuričný škrob)
2,5 ml / ½ lyžičky soli
10 ml / 2 čajové lyžičky sójovej omáčky

Zmiešajte bravčové mäso so zvyškom ingrediencií a zmes rozložte do plytkej žiaruvzdornej misky. Vložte do parného hrnca nad vriacou vodou a duste asi 30 minút, kým sa neuvarí. Podávajte horúce.

Vyprážané bravčové s krabím mäsom

pre 4 osoby

8 oz / 225 g krabieho mäsa, vo vločkách
100 g nasekaných húb
100 g / 4 oz bambusové výhonky, nasekané
5 ml / 1 lyžička kukuričnej múčky (kukuričný škrob)
2,5 ml / ½ lyžičky soli
8 oz / 225 g vareného bravčového mäsa, nakrájaného na plátky
1 vaječný bielok, zľahka vyšľahaný
olej na vyprážanie
15 ml / 1 polievková lyžica nasekanej čerstvej plochej petržlenovej vňate

Zmiešajte krabie mäso, huby, bambusové výhonky, väčšinu kukuričnej múčky a soľ. Mäso nakrájame na 5 cm štvorce. Vytvorte sendviče so zmesou krabieho mäsa. Prikryjeme bielkom. Rozpálime olej a chlebíčky po troškách opekáme do zlatista. Dobre sceďte. Podávame posypané petržlenovou vňaťou.

www.ingramcontent.com/pod-product-compliance
Lightning Source LLC
Chambersburg PA
CBHW050352120526
44590CB00015B/1659